子どもと一緒に進める
学校図書館の活動と展示・掲示12カ月

著
渡辺暢恵

黎明書房

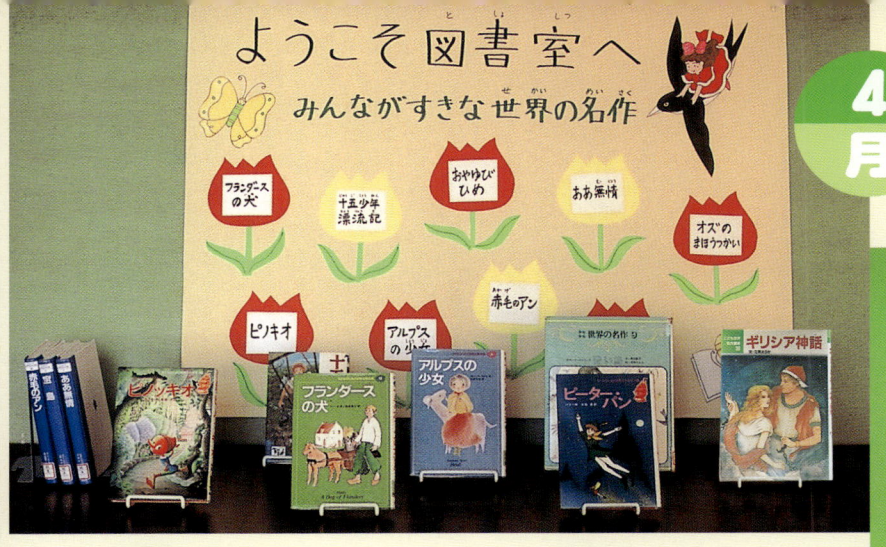

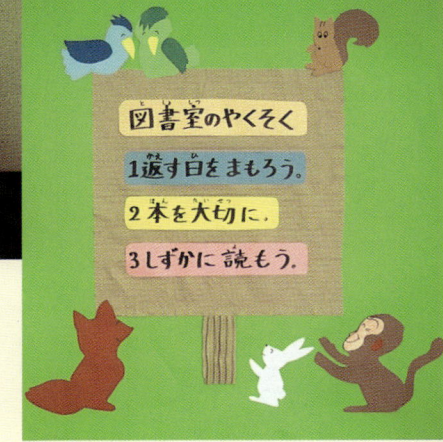

4月

▲ようこそ図書室へ（P. 12）

▲図書室のやくそく（P. 14）

5月

▼伝記クイズ（P. 16）

▼スポーツの本を読んでみよう！（P. 17）

（P. 18）

6月

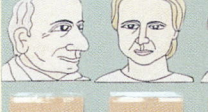

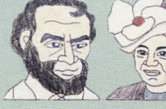

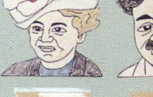

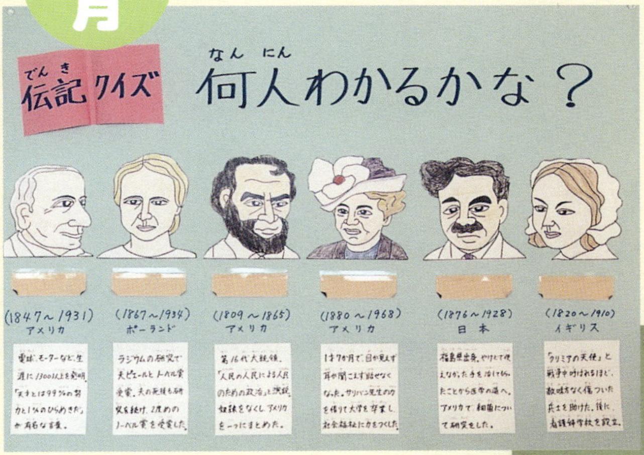

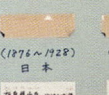

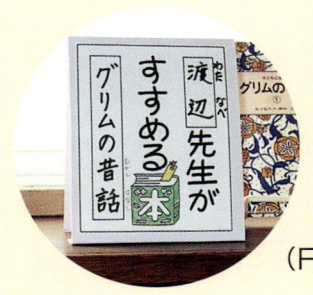

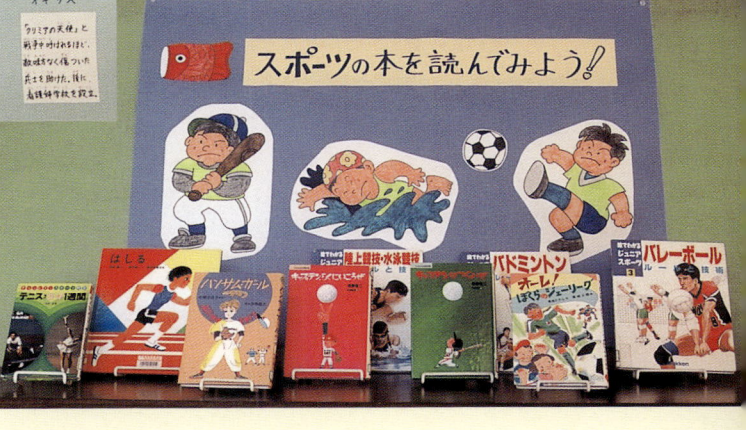

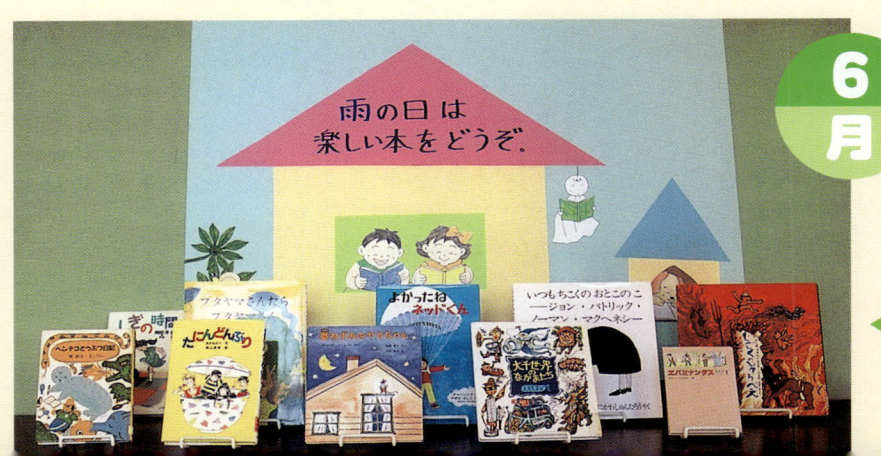

◀雨の日は楽しい本をどうぞ（P. 20）

7,8月

◀ 楽しい夏休み（P.25）

▼ 世界はひとつ（P.29）

9月

▼ あらそいのない社会に（P.28）

▼ エルマーコーナー（P.33）

10月

▼ 食欲の秋にちなんだコーナー（P.32）

▼入り口のアーチ（P.34）

10月

▲展示コーナーの案内板（P.32）

11月

▲秋の本を読もう（P.37）

魔女・魔法の本（P.36）▶

12月

◀クリスマスの本
　　（P.41）

1月

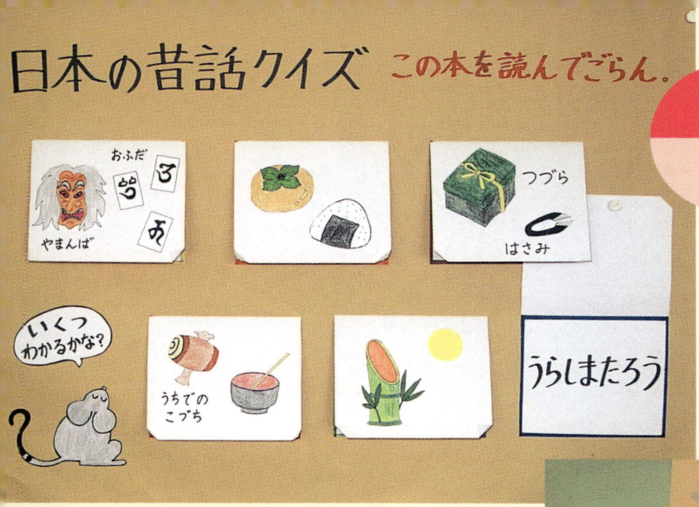

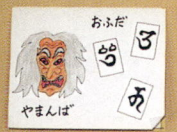

◀日本の昔話クイズ（P. 44）

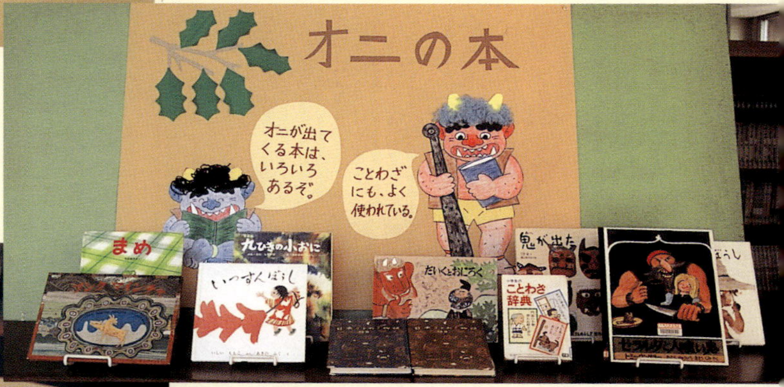

▲オニの本（P. 45）

2月

▲ひなまつり（P. 50）

3月

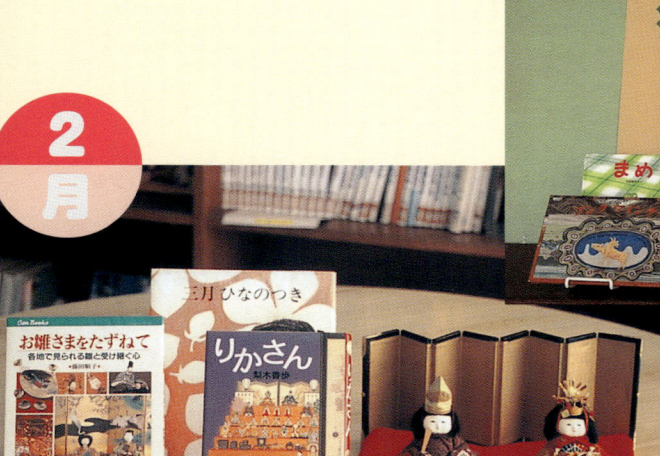

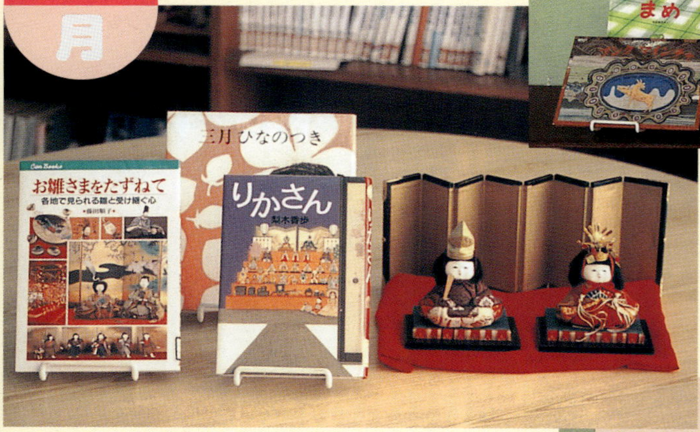

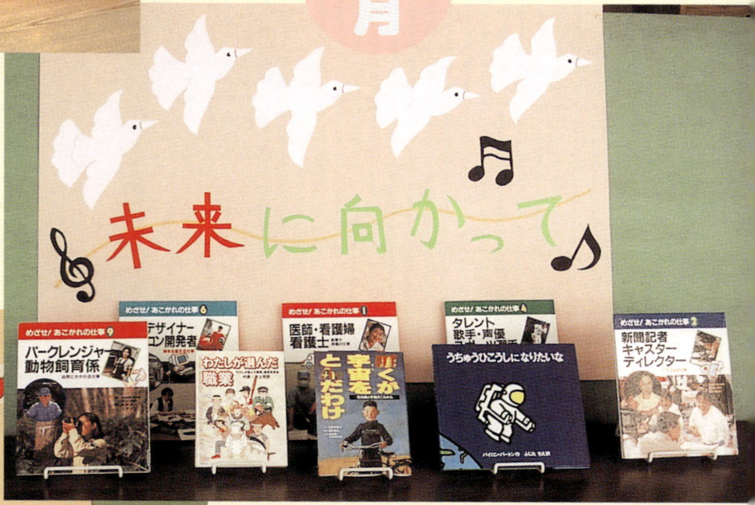

▲未来に向かって（P. 53）

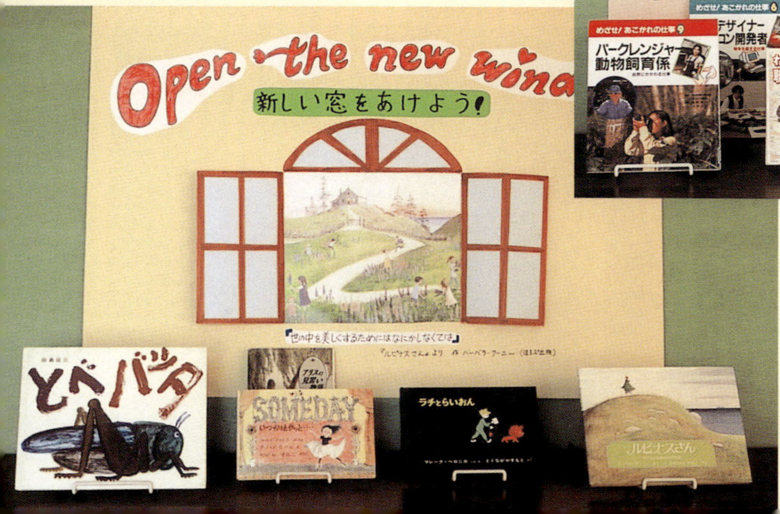

◀新しい窓をあけよう！（P. 52）

はじめに

　子どもの読書活動推進法の制定や学校図書館法の改正により，児童・生徒を取り巻く読書環境は大きく変わりつつあります。朝読書が盛んになり，子どもたちの読書量は少しずつ増えてきています。大変喜ばしいことですが，まだ問題点もいくつかあります。

　2003年度から，12学級以上の学校に図書館司書教諭が置かれることになりましたが，先生方が受け持っている授業数は今までと変わらないことが多く，任命されても十分に学校図書館にかかわることができません。11学級以下の学校は今までどおりでもいいようになっているので，こちらもまた担当者が学校図書館活動に使える時間はわずかです。これらを補うために，学校司書を市町村で採用したり，図書ボランティアを募ったりしていますが，正規の職員ではないため活動に限度があります。学校図書館の専任で正規の学校司書が置かれている学校もありますが，まだわずかで，これからの大きな課題です。

　しかし，学校図書館を大切に考える動きができていて，かつてとイメージがずいぶん変わってきているのは確かです。これを機に，さらに充実した活動ができるように本書を活用していただけたらと思います。

　本書では，掲示や展示を中心に，学校図書館の1年間の仕事をまとめました。担当者一人ですべてをするのではなく，図書委員や他の職員，ボランティアと協力して進めてください。

　ここにあげた掲示や展示は，一つの案です。私よりも上手にできる方はたくさんいらっしゃると思います。本書をヒントにしてさらによい掲示，展示を作ってください。

　児童・生徒の読書の入り口となるような環境を整え，魅力のある学校図書館ができれば，もっと本を読むようになり，調べることも上手になります。そのことを，私が接してきたたくさんの子どもたちが実証してくれています。一人でも多くの子どもたちが，1冊でも多く，よい本に出会えるように，力を尽くしていきましょう。

　最後に，2冊目の本を出してくださる黎明書房さん，担当の藤川さん，千葉まで写真を撮りに来てくださった社長さんに深く感謝申し上げます。

渡 辺 暢 恵

参考）・学校図書館司書教諭……………………12学級以上の学校で資格のある教員が任命される。
　　　・図書主任……………………………………今までもあった校内の図書担当。
　　　・学校司書（学校図書館事務職員）…図書室の事務。子どもたちへの読み聞かせやレファレンスサービスなどもする。多くは臨時職員。
　　　・図書ボランティア………………………保護者が学校図書館活動に協力する。地域で活動している読み聞かせや語りのグループが学校に協力する場合もある。

＊正しくは「学校図書館」ですが，本文では耳慣れた「図書室」と表記しています。

図書室の展示・掲示について

　図書室は，本の倉庫ではありません。児童・生徒の学習の場であり，読書で心を豊かにする場であり，また，忙しい毎日の中でほっとできる場です。それは，教師にとっても同じです。授業の教材研究をしたり，教師自身の楽しみのために本を開いたり，あるいは，放課後ちょっと座ったりできる場であってほしいものです。

　このような図書室にしていくためには，図書室の環境を整えていかなければいけません。図書の分類，配架，カウンターや机の位置決めなど基本的なことができたら，掲示や展示に取り組んでください。

　その際，次のようなことを考えます。
- 児童，生徒がひきつけられる絵や色使いを心がける。
- 図書室の本の紹介になるように，本を掲示といっしょに立てるようにする。
- 読書の入り口となるテーマを設定する。
- 学校の予定や四季の行事に合わせてテーマを決めておく。
- 本の話だけではなく，いつも子どもたちの話題に耳をかたむける。
- 不用品や包装紙，家で眠っているものなどを利用して作る。
- 一人で作ろうと思わず，他の先生や児童，生徒の手も借りて，あるいはグループで共同制作する。

この本の使い方

　本書の掲示・展示は時間をかけずに，きれいに，また効果的に子どもたちに本の内容をアピールできるように考えました。絵はP.78～P.101の型紙・イラスト等を掲示する場所に合わせて拡大コピーしてください。色は図書委員や手伝ってくれる児童・生徒にぬってもらいます。その活動が，本に親しむきっかけにもなります。また，中には，自分でイラストを描いてみたいという子も出てきます。

　年間のテーマを年度初めに計画しておいて，それに合わせて本をそろえておくのもよい方法です。テーマに合わせた本は，展示した本の紹介欄や巻末の掲出図書一覧を参考にしてください。

　布などの不用品は図書室に再利用できないか考えます。先生方にも呼び掛けておくと，思いがけないいいものがもらえたりもします。できれば，季節ごとに箱を作ってストックしておくと翌年にまた使えて便利です。集めたものを見て，本書を参考にアイデアを出してください。

　作った掲示や展示は，研修でお互いに参考にしあえるように写真をとっておくことをおすすめします。

　新しい本だけではなく，図書室であまり手にとられない本にも目を向けてもらいたいという願いから，現在入手できない本も展示しています。図書室には，書店ではもう買えないよい本があることが多いので，展示して紹介してください。

もくじ

はじめに　*1*
図書室の展示・掲示について　*2*
この本の使い方　*2*

I　図書室の12カ月の仕事

　　各月の展示・掲示のテーマについて　*8*
　　各月のテーマを探してみよう　*10*

4月の図書室 ……………………………………………………………… *11*
　　今月の主な仕事　*11*
　　オリエンテーション　*11*
　　購入図書希望調査　*11*
　　課題図書　*11*
　　4月のテーマ（図書室ってどんな場所？／世界の名作）　*12*
　　図書室に必要な掲示物　*13*
　　簡単アイデアコーナー（当番カード）　*14*

5月の図書室 ……………………………………………………………… *15*
　　今月の主な仕事　*15*
　　図書の購入ついて　*15*
　　図書以外の資料　*15*
　　5月のテーマ（伝記／スポーツ）　*16*
　　簡単アイデアコーナー（図書委員のおすすめコーナー／先生のおすすめコーナー）　*18*

6月の図書室 ……………………………………………………………… *19*
　　今月の主な仕事　*19*
　　図書委員による読み聞かせ　*19*
　　読書感想文について　*19*
　　6月のテーマ（楽しい本／環境）　*20*
　　簡単アイデアコーナー（時間は不思議）　*22*

7，8月の図書室 ………………………………………………………… *23*
　　今月の主な仕事　*23*
　　新しい本の紹介方法　*23*
　　7，8月のテーマ（星／自由研究）　*24*
　　簡単アイデアコーナー（「手紙」が出てくる本／夏にうれしいうちわ）　*26*

9月の図書室 27

　　今月の主な仕事　27
　　本の手入れ　27
　　教科との連携　27
　　9月のテーマ〔平和／国際理解〕　28
　　総合的な学習〔行ってみたい国（4年生）〕　30
　　本とコンピュータ　30

10月の図書室 31

　　今月の主な仕事　31
　　読書週間の活動例　31
　　ブックトーク　31
　　10月のテーマ〔食べ物／動物〕　32
　　展示コーナーの案内板　32
　　エルマーコーナー　33
　　簡単アイデアコーナー（入り口のアーチ）　34

11月の図書室 35

　　今月の主な仕事　35
　　本を読む児童・生徒を育てるには　35
　　11月のテーマ〔魔法／推理〕　36
　　簡単アイデアコーナー（秋の本を読もう）　37
　　読書感想画『サーカスのライオン』　38

12月の図書室 39

　　今月の主な仕事　39
　　本の廃棄　39
　　未返却の本の催促　39
　　12月のテーマ〔ハンディのある人への理解／クリスマス〕　40
　　簡単アイデアコーナー（クリスマスツリーを使って）　42
　　クリスマスのすてきな掲示　42

1月の図書室 43

　　今月の主な仕事　43
　　日本の文化，郷土の伝統　43
　　郷土コーナー　43
　　学級文庫　43
　　1月のテーマ〔日本の昔話／鬼〕　44
　　図書クイズと図書委員会の活動　46

2月の図書室 47

　　今月の主な仕事　47
　　お話会　47

ストーリーテリング　*47*
今年度をふりかえって　*47*
2月のテーマ（ノンフィクション／詩）　*48*
簡単アイデアコーナー（ひなまつり）　*50*

3月の図書室 ……………………………………………………………… *51*

今月の主な仕事　*51*
賞状について　*51*
蔵書点検　*51*
学級文庫を集めるか点検する　*51*
3月のテーマ（新しい自分／将来の夢）　*52*
図書ボランティア（保護者の手作りでできた閲覧コーナー／他）　*54*

II　コピーしてすぐ使える資料

1　プレゼントにするしおりの作り方（例）　*56*
2　コピーして使えるしおり　*57*
3　見出し文字　*58*
4　「図書館だより」用題字　*59*
5　「図書館だより」台紙　*60*
6　読書ゆうびんはがき・本の紹介用紙①　*61*
7　小学校1年生向け貸し出しカード　*62*
8　未返却者への催促状　*63*
9　読書の記録カード　*64*
10　賞状　*65*
11　図書委員紹介カード・図書委員任命書　*66*
12　図書クイズ解答用紙　*67*
13　本の紹介用紙②　*68*
14　リクエストカード・予約カード・お知らせカード　*69*
15　おすすめコーナー表示　*70*
16　楽しい分類表示　*71*
17　イラスト・カット集
　　① 図書室の子どもたち　*73*
　　② 本ア・ラ・カルト　*74*
　　③ 動物の入ったカット　*75*
　　④ 季節感のあるカット　*76*

III　12カ月の展示・掲示の型紙集

4月　ようこそ図書室へ　*78*
　　　図書室の約束　*78,79*

5月	伝記クイズ	80
	スポーツの本を読んでみよう！	81
6月	雨の日は楽しい本をどうぞ	82, 83
	環境を考える本	83
	時間は不思議	83
7, 8月	七夕にちなんで「星」の出てくる本	84
	楽しい夏休み	84, 85
	「手紙」が出てくる本	85, 86
9月	あらそいのない社会に	87
	世界はひとつ	88, 89
10月	おいしい本	90
	動物が出てくる物語	91
	入り口のアーチ	92
11月	魔女・魔法の本	93
	秋の夜長は推理小説	93, 94
12月	クリスマスの本	95
1月	日本の昔話クイズ	96, 97
	オニの本	97
2月	ノンフィクション	98
	りっしゅん発けいちつ行き	99
	めをさましたら	100
3月	未来に向かって	100
	新しい窓をあけよう！	101

掲出図書一覧 102

イラスト・中村美保

Ⅰ　図書室の12カ月の仕事

各月の展示・掲示のテーマについて

　各学校には，教育目標があり，それに基づいた図書の年間活動計画があります。1年たつと，それを見直し，改善して次年度につなげています。
　ここにあげたのは，掲示や展示の観点から見た年間の計画例です。児童・生徒が本に親しめるように，また，手にとる本の幅が広がるように考えました。
　子どもたちは，よく「どんな本を読んだらいいかわからない」，「いい本を教えてほしい」というようなことを言います。それは，まだ，本を選ぶ目が育っていないからです。
　このようなテーマをもうけることで，本の見方も変わってきます。児童・生徒だけではなく，図書担当以外の先生方も図書室にある本について詳しく知るチャンスになります。

4月のテーマ 「図書室ってどんな場所？」「世界の名作」

　図書室に親しみやすい雰囲気を作ります。
　世界の名作は一度は読んで親しんでもらいたいと思います。ビデオや映画などで，すでに親しんでいる作品も多いので手にとりやすいです。

5月のテーマ 「伝記」「スポーツ」

　伝記は，子どもたちに生きる目標を与えてくれます。学校は子どもたちが将来の夢を持てるように支援していかなければいけません。その一つの方法です。
　スポーツも子どもたちの夢であり，また文学作品が少し苦手な子も関心を持って読めます。五月晴れに，スポーツはぴったりです。

6月のテーマ 「楽しい本」「環境」

　6月は梅雨で休み時間に校庭で遊べず，本を読むことも多くなります。憂鬱な季節こそ，楽しい本を読んでもらいたいと考えました。
　ここにあげた本は，読みながら本当に笑いだす子がいます。読み聞かせをするとクラスの雰囲気がなごみます。
　環境月間にちなんだコーナーも作りました。このコーナーは教科と関連させて使えます。

7月，8月のテーマ 「星」「自由研究」

　七夕にちなんだテーマにしました。科学的な読み物も物語も入れてみました。このようにテーマでくくることで，本の印象が際立ってきます。
　自由研究は，夏休みに開館する学校は必ず作ってください。

各月の展示・掲示のテーマについて

9月のテーマ 「平和」「国際理解」

　8月15日は終戦記念日，そして，9月にはニューヨークのテロ事件がありました。平和の尊さを考える月にしたいと思いました。
　また，同時に，世界の国々への関心を持つきっかけにもしたいものです。

10月のテーマ 「食べ物」「動物」

　食べ物に関する本は人気がありますし，冊数も多くあります。低学年向きから高学年，中学生，それぞれ段階を考えて並べてください。
　動物も，子どもたちが好きですから，読書の秋にぴったりのテーマです。

11月のテーマ 「魔法」「推理」

　この2つのテーマに合う本は図書室にたくさんあります。並べた本が借りられたら，すぐ次の本を出せます。

12月のテーマ 「ハンディのある人への理解」「クリスマス」

　12月9日の障害者の日に関連したテーマです。手話は子どもたちの関心が高いので，ぜひ入れてください。
　クリスマスは1年に一度の子どもたちの楽しみですので，おおいに盛り上げましょう。

1月のテーマ 「日本の昔話」「鬼」

　日本に伝わる昔話に接するチャンスは案外ないものです。このテーマできっかけを作ってください。
　「鬼」は節分にちなんだテーマです。2月4日前に掲示したほうがいいので，1月に持ってきました。

2月のテーマ 「ノンフィクション」「詩」

　子どもたちがなかなか手をのばさないのがノンフィクションではないでしょうか。内容を紹介すると読んでみようという子がでてきます。
　詩は1年を通じて掲示できるものがありますが，ここでは「春」の詩を選びました。

3月のテーマ 「新しい自分」「将来の夢」

　今までとちょっと違う自分を発見するのは，うれしいものです。卒業，進級前に一度自分を見つめてもらいたいです。
　また，「将来の夢」は，これから将来に向けて夢をはぐくんでもらいたいと思って選んだテーマです。

＊季節の行事や記念日もふまえ，年間を通していろいろなジャンルに親しめるように考えてあります。

各月のテーマを探してみよう

テーマを設定する理由と留意点

　図書室は情報の発信地です。図書室に行けば何か新しいことに出会える，今まで知らなかったことを覚えられるという場にしたいものです。そのためには，図書室の掲示や展示を1年間を通して計画的に考えていきましょう。

　図書室を司書教諭（または，図書主任）と学校司書やボランティアなど複数で運営している学校では，みんなが同じテーマで活動することで協力体制もよくなります。複数で運営する学校は年度初めに話し合うと，よりよいアイデアも出てくるのではないでしょうか？

　図書委員会で話し合うと，子どもたちも積極的に参加してきます。ただ，今まで，あまり掲示や展示に力を入れていなかった図書室では子どもたちのイメージがわきませんから，ある程度やってみせる必要があります。

テーマの決め方

　テーマは，学校の1年間の行事計画を基本に考えます。例えば，スポーツに関する掲示や運動会の掲示は，その学校の運動会の月に合わせます。遠足や音楽会も学校によって違いますので同様にします。

　また，月ごとの暮らしの行事や記念日なども考えて作っていくと，季節感のある新鮮な雰囲気の図書室になっていきます。大人向けも子ども向けもある「歳時記」を参考にするとよいでしょう。さらに1年間を通していろいろなジャンルの本に親しめるようにも考えてください。

月別テーマ例　＊本文で紹介したもの以外

- 4月　入学式，子ども読書の日（23日），みどりの日（29日），春の健康測定
- 5月　愛鳥週間（10日〜16日），ナイチンゲールデー（12日），母の日（第2日曜）
- 6月　虫歯予防デー（4日），かたつむり，梅雨，プール開き，父の日（第3日曜）
- 7月　海の記念日（20日），土用の丑の日
- 8月　終戦記念日（15日），お盆（15日），夏祭り
- 9月　防災の日（1日），敬老の日，台風，秋の運動会，秋の虫，救急の日（9日），秋の七草
- 10月　収穫の秋，祭り，遠足，目の愛護デー（10日），体育の日，ハロウィーン（31日）
- 11月　文化の日（3日），勤労感謝の日（23日），文化祭
- 12月　オリオン座，人権週間（4日〜10日），針供養（8日），年越しの準備
- 1月　今年の干支，成人の日にちなんで10年後の自分，マラソン，風邪対策
- 2月　バレンタインデー（14日），冬のスポーツ，省エネルギー
- 3月　春の全国火災予防運動（1日〜7日），耳の日（3日），卒業式

4月の図書室

　新学期のスタートです。入学，進級の喜びにあふれる児童・生徒が図書室をさらに好きになるよう工夫したいものです。

● 今月の主な仕事 ●

- 職員会議で今年度の計画を提案
- 各クラスへのオリエンテーション
- 朝日年鑑，課題図書を各1冊購入
- 図書室の清掃の手順を決めて指導する
- 学級文庫用の本を配る
- 購入図書希望を調査
- 図書委員会でカウンター当番を決める
- 個人貸し出しカード準備（図書室で保管）

＊代本板は使わないで，本を置く場所をしっかり決めておきます。

オリエンテーション

　年度始めにオリエンテーションを全クラスに実施すると，その年の貸し出し，利用状況がとてもよくなります。
　学校図書館担当者が行う場合は，学級担任にも参加してもらい，本の配置や本の借り方，返し方の手続きなどを確認します。
　図書室で1クラス1時間かけてするのが理想的です。約束などの確認だけではなく，読み聞かせや本の紹介，クイズなども入れて，楽しい時間にしましょう。
　パンフレットを用意して，短い時間でも効率よく印象的にしたいものです。

購入図書希望調査

　今年度必要な本と昨年度必要だったけれども不足していた本を各先生から出してもらいます。
　書名だけではなく本を使う予定の教科と単元名を出しておいてもらうと選書の参考になります。児童・生徒にも聞きますが，買えないことがあることも伝えておきます。

課題図書

　年度始めに購入する学校が多いですが，あまりたくさん買ってしまうと次年度，図書室の中で読まれずに汚れるばかりです。
　まず，1冊ずつ早めに買って各クラスに回したり，図書室で読むようにしてはどうでしょうか？
　その中で人気のある本を追加注文すると，無駄になりません。予算は限られていますから有効に使いましょう。

4月のテーマ 「図書室ってどんな場所？」「世界の名作」

ようこそ
　　　図書室へ

みんながすきな
世界の名作

| ポイント | ・春が来た楽しいイメージになるようにチューリップにしました。広い場所があったら，花の数をふやしてもいいと思います。
・本を立てているのは展示用イーゼル（キハラ）です。
本は表紙を見せる置き方（面出しまたはフェイスアウトといいます）にすると，図書室が明るくなります。ですから，本のカバーはつけておくようにしてください。
・どの学年も読めるように，文字の大きい読みやすい本とややむずかしい本をまぜました。 |

準　　備　ラシャ紙，画用紙，色画用紙（赤・黄色・黄緑），クーピー，黒の油性ペン，クレヨン

作り方　P.78の絵を拡大コピーして，図書委員に色をぬってもらいます。
　　　　チューリップの葉にはクレヨンですじを入れました。

■ 展示した本 ■

・ギリシア神話　　　　　（ポプラ社）　　・世界の名作9　　　　（世界文化社）
・ピーターパン　　　　　（集英社）　　　・アルプスの少女　　　（集英社）
・フランダースの犬　　　（集英社）　　　・ピノッキオ　　　　　（集英社）
・十五少年漂流記　　　　（講談社）　　　・ああ無情　　　　　　（集英社）
・宝島　　　　　　　　　（集英社）　　　・赤毛のアン　　　　　（集英社）

ヒント　・4年生に毎日『宝島』を読んだところ，夢中になって聞き入っていました。
　　　　・家庭から寄贈を募ると，名作はよく集まります。

4月の図書室

図書室に必要な掲示物

　下の2つの写真は，図書館指導員の米満明子さんが作った掲示物です。常時掲示して，いつでも見られるようにしてありました。古くなっていたら作りなおして，4月の初めに作ってオリエンテーションにも使ってください。

図書室の本配置図，日本十進分類法，ラベルの説明

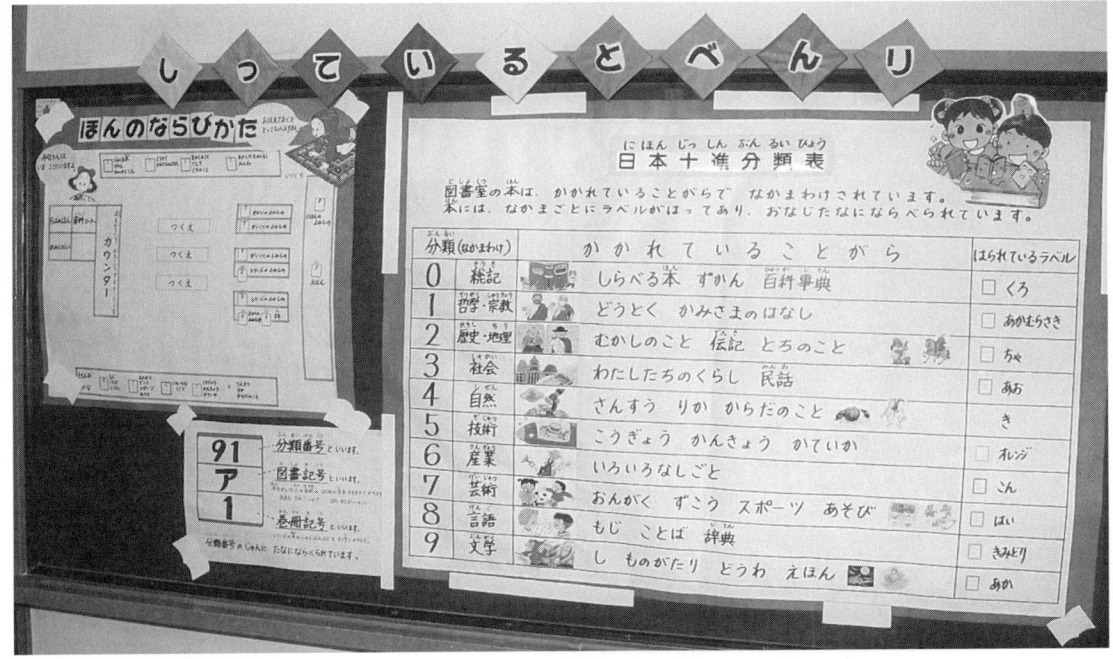

カウンター下の図書室のきまり，本の借り方・返し方

図書室のやくそく

ポイント 立て札はダンボールを利用しています。水をつけて1枚はがすと、ぽこぽこした面が出てきます。これは公共図書館でうかがいました。

準　備 ラシャ紙、それぞれの動物の色の画用紙、約束を書く色画用紙、ダンボール

作り方 型紙P.78, 79をコピーして、それぞれの動物を作ってはります。ここでは、色画用紙に書いて切り取っていますが、コピーしたものに色をぬってもかまいません。図書委員に動物を一つずつ分担して作ってもらうと早くできます。

●簡単アイデアコーナー●

当番カード

昼休みの担当です。100円均一店で見つけたボードを利用しました。カウンターの上に置いてあります。

■ 展示した本 ■
- なぞなぞのすきな女の子（学習研究社）
- つるばら村のパン屋さん（講談社）

５月の図書室

　ゴールデンウイークが終わるころには，学校全体，また学級も落ち着いて本格的に学習する態勢ができてくるころです。気候もよく，本をじっくり読むのに向いている時期です。

● **今月の主な仕事** ●

- 未実施のクラスにオリエンテーションを行う
- 第一回購入図書のリストを作成して発注
- 学校図書館司書教諭（図書主任）の計画にのっとった各クラスの読書活動の始まり
- おすすめ読書リストの配布
- ファイル，パンフレットなどの資料コーナー作り

図書の購入について

　魅力のある図書室は，本がよく選ばれているのがわかります。一冊一冊吟味して入れていることが伝わってきます。今，話題になっている本はそろっていますし，定番の本も書架に並んでいます。調べ学習に使う本も，そのコーナーを見ただけでテーマが浮かんでくるように感じるほど，充実しています。

　そのような図書室にするためには，ただ，業者のリストのみで選ぶのではなく，展示会があれば出かけて，あるいは大型書店に行くなどして実際に手にとってみるのが一番です。そしてその本は何年生が読むか，誰が手にとるか，どの先生が授業で使うかを具体的に考えて購入してください。「そのうち誰か読むだろう」「あれば誰か使うだろう」という本は学校には入れません。今年度使う本が最優先です。

　購入リストを作ったら，今，図書室に同じ本がないかよく見てください。何冊かあってもいい本もありますが，セットでまったく同じものがあると無駄ですから，他の本にしてください。

図書以外の資料

　学校に来るパンフレット，公報，切り抜きファイルはコーナーを作り，テーマごとに集めて整理しておきます。

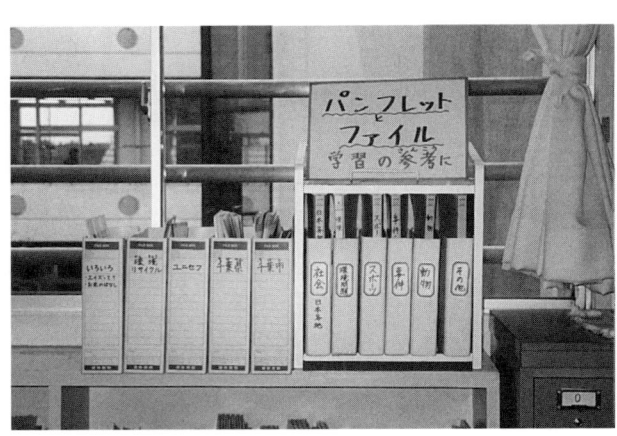

５月のテーマ 「伝記」「スポーツ」

伝記クイズ

> 答え：左から　エジソン，キュリー夫人，リンカーン，ヘレン・ケラー，野口英世，
> 　　　　　　　ナイチンゲール

ポイント　名前をかくしておきます。答えをめくって見るというのが小学生は好きです。ここでは，紹介の言葉を多くしましたが，業績だけでもかまいません。

準　備　ラシャ紙，フェルトペン，画用紙，色えんぴつ

作り方　P.80 の絵を拡大コピーして，図書委員にぬってもらいます。
　　　　　髪の毛の色は，本書の口絵（P.1）を参考にしてください。

伝記について

　子どもたちは伝記を読むと「○○のようになりたい」と夢を持ちます。
　ぜひ，小・中学校で読ませてください。
　低学年向きの字の大きい本，わかりやすい解説を入れている本，現在活躍しているスポーツ選手の本など様々あります。いろいろなタイプの本を少しずつ何年かかけて計画的に入れていってはどうでしょうか？　伝記も家庭からの寄贈を呼び掛けると集まりやすい本です。
　本に出ているリンカーンの演説を暗記した中学１年の男子がいました。

5月の図書室

スポーツの本

| ポイント | バックは空をイメージする色にしました。
本は，運動について書いてあるものと，スポーツがテーマの物語の本を置きました。 |

| 準　　備 | ラシャ紙，画用紙，フェルトペン，サインペン，色えんぴつ |

| 作 り 方 | P.81を拡大コピーして，図書委員に色をぬってもらってください。 |

───■ 展示した本 ■───

- テニスコーチ１週間　　　（偕成社）
- ハンサムガール　　　　　（理論社）
- キャプテンはつらいぜ　　（講談社）
- 絵でわかるジュニアスポーツ４　陸上競技　水泳競技　　　　（学習研究社）
- 絵でわかるジュニアスポーツ６　バドミントン　　　　　　　（学習研究社）
- 絵でわかるジュニアスポーツ３　バレーボール　　　　　　　（学習研究社）
- はしる　　　　　　　　　　　　　（福音館書店）
- キャプテン，らくにいこうぜ　　　（講談社）
- オーレ！　ぼくらのジェーリーグ　（草炎社）

●簡単アイデアコーナー●

図書委員のおすすめコーナー

　ぜひ図書室のどこかに作ってください。「一人一冊選んで，1週間のうちに借りられた人は勝ち」というゲームのような感じにすると図書委員も一生懸命に選びます。回を重ねると選び方も上手になりますし，図書委員自身も読むようになってきます。P.70を拡大コピーして色をぬり，半分に折った板目表紙にはって立てます。

```
━━━━■ 展示した本 ■━━━━
　・つばさのかけら　　　　　　　　（講談社）　　・南総里見八犬伝　　　　　（偕成社）
　・ムーミン谷の冬　　　　　　　　（講談社）　　・ロボットカミイ　　　（福音館書店）
　・ローワンと伝説の水晶　　（あすなろ書房）　　・ももいろのきりん　　（福音館書店）
　・子どもに語るグリムの昔話①②（こぐま社）
```

先生のおすすめコーナー

> **ヒント**　先生のおすすめコーナーは，校内のいろいろな先生によびかけて順に出してください。P.70を拡大コピーして板目表紙にはって立てます。

6月の図書室

　雨の日が続く梅雨がやってきます。この時期に読書週間を持ってきている学校もあります。雨の日の昼休みは図書委員による読み聞かせなどにも適しています。中学では図書クイズが楽しめます。

> ● 今月の主な仕事 ●
> ・雨の日の昼休みに読書行事
> ・行事や記念日にちなんだ本の紹介
> 　　6月4日　虫歯予防デー　　　6月5日〜11日　環境週間
> 　　6月10日　時の記念日など
> ・読書感想文の指導提案

図書委員による読み聞かせ

　小学校低学年は本を読んでもらうのが大好きです。図書委員の活躍の場にするためにも昼休みに実施してください。昼休みは通常の本の貸し出しもあるので，場所はできれば，図書室以外がいいでしょう。上履きをぬいで座れるスペースを作り，読み手は聞く子が少なければ椅子に座り，人数が多かったら立って読むようにします。

　読む本は，10分以内で終わるぐらいの長さで，絵がよく見えるものにします。映像で楽しめるキャラクターの絵本以外で，初版の古い定番の絵本を核にして選ぶようにすすめています。高学年まで楽しめるのは民話です。紙芝居もよく聞きます。

　廊下がうるさくならないように注意する係や，ドアを途中で開けしめする係などを決めておくとみんなが気持ちよく過ごせます。手作りのペープサートやパネルシアターをした学校もありました。

読書感想文について

　いつから読書感想文は夏休みの宿題として定着してしまったのでしょうか？　同時に，親子の憂鬱の種となりました。「感想文がなければ読書は好き」という子どもの本音も聞こえます。せっかくの夏休みを楽しく過ごせるように，この時期に感想文の指導をしておくよう，先生方に提案します。感想文の書き方も教えずに，家庭まかせにしないようにしたいものです。

　昨年度の感想文の入賞作品を掲示したり，みんなで読んでどんなところが上手か話し合うという方法がおすすめです。感想文の書き方の出ている本も紹介します。

　このような活動の中で，感想文に書かれた本への関心も高まります。

6月のテーマ　「楽しい本」「環境」

雨の日は楽しい本をどうぞ

| ポイント | てるてるぼうずも，犬も，かたつむりも本を読んでいるというユーモラスな掲示にしました。本は子どもたちに選んでもらうのもいいでしょう。 |

| 準　　備 | ラシャ紙3枚（みずいろ，クリーム，あかむらさき），色画用紙（青，黄緑，深緑），色えんぴつ，油性ペン |

| 作り方 | P.82〜83を拡大コピーして図書委員にぬってもらいます。 |

■展示した本と，このコーナーにおすすめの本■

- ヘンテコどうぶつ日記　　　　（理論社）
- たにんどんぶり　　　　　　　（講談社）
- 番ねずみのヤカちゃん　（福音館書店）
- 大千世界のなかまたち　（福音館書店）
- エパミナンダス（東京子ども図書館）
- ふしぎの時間割　　　　　　　（偕成社）
- ブタヤマさんたらブタヤマさん　（文研出版）
- よかったねネッドくん　　　　　（偕成社）
- いつもちこくのおとこのこ　（あかね書房）
- じごくのそうべえ　　　　　　　（童心社）
- ものぐさトミー　　　　　　　（岩波書店）
- つきよのかいじゅう　　　　（佼成出版社）

| ヒント | 『たにんどんぶり』『ふしぎの時間割』は中高学年向き。笑いもありますが，ほろっとさせられます。その他の本は読み聞かせると大爆笑です。大人も笑えます。 |

6月の図書室

環境を考える本

| ポイント | 環境を考えるキーワードを掲示しました。 |

| 準　備 | ラシャ紙（クリーム），色画用紙（緑，こげ茶），画用紙，油性ペン（黒，緑，赤） |

| 作り方 | P.83の型紙を拡大コピーして，緑の色画用紙を折り曲げて重ねた上にのせて切ります。同じ形が何枚もできます。 |

────■ 展示した本 ■────

- みみずのカーロ　　　　　　　　　（合同出版）
- 1日にどれだけごみがでるかな？（ポプラ社）
- 水の汚染とくらし　　　　　　（さ・え・ら書房）
- 大気汚染と酸性雨　　　　　　（さ・え・ら書房）
- あきかんカンカラカンコン
  　　　　　　　　　　　　　　（学習研究社）
- 地球は暖かくなるか（草土文化）
- 大気汚染　　　　　　　　（偕成社）
- 海洋汚染　　　　　　　　（偕成社）

| ヒント | 総合的な学習や，社会などで調べることが多い本です。 |

●簡単アイデアコーナー●

時間は不思議

| ポイント | 家にあった布をテーブルにかけました。 |

| 準　　備 | 板目表紙（ダンボールでも可），色画用紙の残り，色えんぴつ，細い油性ペン |

| 作　り　方 | 色画用紙の残ったものをはり合わせます。時計の絵はP.83を拡大コピーして，色を図書委員にぬってもらってはります。 |

■ 展示した本 ■

- 二分間の冒険　　　　　　　（偕成社）　　・ちいさいおうち　　　　　　（岩波書店）
- 時の旅人　　　　　　　　　（岩波書店）　・丘の家，夢の家族　　　　　（徳間書店）
- トムは真夜中の庭で　　　　（岩波書店）　・モモ　　　　　　　　　　　（岩波書店）
- 時間だよ，アンドルー　　　（徳間書店）

| ヒント | 時間を旅したり，時間がたつことで変わっていくお話など，時間を使った物語はいろいろあるので，集めやすいです。時計についての本を加えるのもいいかと思います。 |

7,8月の図書室

　夏休み前には，多めに本を貸し出す学校が多くあります。大きな手提げにたくさんの本を入れて図書室から出ていく低学年の子どもの姿は本当にうれしそうです。公共図書館が近くにある学校は，その利用方法も全員に確認してください。

● 今月の主な仕事 ●

- 今までの読書感想文の紹介（6月にしていなかったら）
- 新しい本の紹介
- 夏休みの開館
- 2学期に向けての準備
- 夏休みに向けての本の案内
- 本の修理，ビニールカバーをつける

新しい本の紹介方法

①新刊の展示会
　新しい本は届いたらすぐに貸し出すのではなく，しばらく展示してから読むようにする方法がおすすめです。このときに，できれば，読みたい本を予約するようにします。

中学校

椅子を周りに置いて立ち読みの
感覚で

小学校

カーペットを利用して，
くつろいで読めるように

②カバーやカバーのカラーコピーを掲示
　カバーと表紙の絵が同じ場合ははずしてもかまいませんが，違う場合はカバーをつけてビニールコートをかけてください。
③新刊のリストを印刷し，掲示

7,8月のテーマ 「星」「自由研究」

七夕にちなんで「星」の出てくる本

| ポイント | とかく曇りがちな七夕ですが,掲示はよく晴れた夜の感じになるように,星をつけました。 |

| 準　備 | ラシャ紙(青),色画用紙(緑,黄色,赤,黄緑,紺,ピンク),画用紙,カラードフォルム(黄),油性ペン |

| 作り方 | P.84を拡大コピーして図書委員に色をぬってもらいます。
笹を緑の画用紙で作ります。節のところを少し離すと笹の感じが出ます。短冊をはってから油性ペンでひもを書きます。
星は硬めで光沢のあるカラードフォルムを使いました。空の広がりが出るように上にはみだしてはってあります。 |

■ 展示した本 ■

- 宇宙のアルバム　　　　　　　（福音館書店）
- 7月どんなつき　　　　　　　（小峰書店）
- 星の王子さま　　　　　　　　（岩波書店）
- たなばた　　　　　　　　　　（福音館書店）
- なつのほし　　　　　　　　　（偕成社）
- 星になったチロ　　　　　　　（ポプラ社）

7, 8月の図書室

楽しい夏休み

ポイント　夏休みのわくわくした感じが出るように，男の子の大好きなカブトムシとクワガタ，セミを立体感のある木にはります。

準　　備　ラシャ紙（あさぎ色），色画用紙（緑色各種），模造紙を包んであった紙

作 り 方　P.84, 85のカットを拡大コピーして，図書委員に色をぬってもらいます。木にする紙はしわを寄せ，ふくらませてはります。
　　　　　葉は，下のように折って開くとすじができます。

葉の作り方

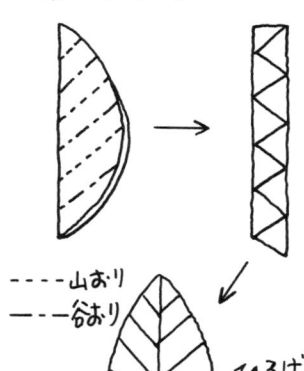

----- 山おり
――― 谷おり

ひろげるとでこぼこになる。

■ 展示した本 ■

- やってみよう！　夏休みの自由研究　5・6年生（成美堂出版）
- 学研の自由研究　3・4年生版　　　　　（学習研究社）
- 自由研究大作戦　　　　　　　　　　　（フレーベル館）
- 光れ！泥だんご　　　　　　　　　　　　（講談社）
- 工作入門　　　　　　　　　　　　　　　（小学館）
- 学研の図鑑　理科の自由研究　　　　　（学習研究社）
- ドキドキちょうせん自由研究　　　　　　（旺文社）
- 草木染めに挑戦！　　　　　　　　　　　（理論社）
- はちうえはぼくにまかせて　　　　　　（ペンギン社）
- 小学生の自由研究　リサイクルとエコロジー（成美堂出版）
- ぷよぷよたまごをつくろう　　　　　　　（汐文社）

●簡単アイデアコーナー●

「手紙」が出てくる本

ポイント	手紙を運ぶ鳥をかわいらしくはります(本書カバー裏参照)。(作り方,型紙はP.85〜86)
準　備	下に敷く布,テーブルセンター,板目表紙または厚い画用紙,カラードフォルム(黄色,緑,青),油性ペン
作り方	P.86の型紙を使い,カラードフォルムを色別に切ってパズルのようにしてはりあわせると,じょうぶになります。板目表紙は,上のように折って立てます。P.85の小鳥をそのまま使ってもかまいません。
ヒント	このコーナーのそばに手作り便箋を置いて,好きな本について手紙形式で書いてもらって,掲示してはどうでしょうか?

■ 展示した本 ■

- ヘンショーさんへの手紙　　　　（あかね書房）
- あしながおじさん　　　　　　　（理論社）
- もりにてがみをかいたらね　　　（偕成社）
- ふたりはともだち　　　　　　　（文化出版局）
- かきのはっぱのてがみ　　　　　（講談社）

夏にうれしいうちわ

9月の図書室

　夏休みを過ぎると，子どもは一回り大きく成長して学校にもどってきます。どんどん伸びる子どもたちをしっかりと支える図書室にしていきたいものです。

● 今月の主な仕事 ●

・夏休みに借りたの本の返却手続き
・新刊の紹介と予約・貸し出し
　（1学期にできなかった学校）
・購入図書の希望調査と後期発注リスト作成
・図書室内の大掃除
　（本のホコリなどをとる）
・学級文庫の交換
・教科のコーナー作り

本の手入れ

　長く絵本専門店を営んできた方が「本はさわらないとダメなのよ」と言ったのが，とても印象に残っています。
　「この本は誰が読むだろう？」と想像しながら，1冊ずつ丁寧にカバーをしたり，絵本の補強をしたりして書架に置くと，不思議と借り手がすぐつくのです。そして，たまに手にとり開いてみて，たまったホコリをはらい，1冊ずつに語りかけるように手入れをすると，本が生き生きとしてくるようです。
　もちろん，こういう作業をしながら本の内容をチェックして，資料として古すぎないかも見ます。中身を見ることでレファレンスサービスもしやすくなります。
　夏にしめきっていた図書室は，汚れもたまっています。ゴキブリが出てきたりもするので対策を考えます。太陽がだんだん低くなって，本に直接陽がさすと傷むので，気をつけてカーテンをしめましょう。

教科との連携

　図書室は休み時間に，来たい子が来るだけではいけません。学校の教科カリキュラムの中に位置づけて活用していきます。
　学校図書館司書教諭は，学校全体の計画を考えて運営していきます。学校司書も，各学年の学習内容に精通して，学習に合わせた本を提供していきます。その一つとして，コーナー作りがあります。○年生の〜の学習のためのコーナーというものを，その学習期間の間作って，利用を促してください。
　学校の本では足りないときには，公共図書館や近隣の小・中学校から借りてきて，資料をふやすという方法もあります。その際，紛失しないようにリストを作り，管理に気を配ってください。

9月のテーマ　「平和」　「国際理解」

あらそいのない社会に

| ポイント | おだやかな気もちで親子でゆっくり月をながめたいという願いをこめました。すすきは本物があれば，それを飾ってください。 |

| 準　備 | ラシャ紙，色画用紙（黄色，深緑，薄茶） |

| 作り方 | P.87を拡大コピーしてはります。 |

■展示した本，展示したい本■

- わたしたちにも教えて！　イスラム教・中東問題　　　　　　　　　　　　（汐文社）
- 七本の焼けイチョウ　　　　　　　　　　　　　　　　　　　　　　　　（くもん出版）
- ひろしまのピカ　　　　　　　　　　　　　　　　　　　　　　　　　　（小峰書店）
- ぼくの村にサーカスがきた　　　　　　　　　　　　　　　　　　　　　（ポプラ社）
- 彼の手は語りつぐ　　　　　　　　　　　　　　　　　　　　　　　　（あすなろ書房）
- はだしのゲン　　　　　　　　　　　　　　　　　　　　　　　　　　　（汐文社）
- ちいちゃんのかげおくり　　　　　　　　　　　　　　　　　　　　　（あかね書房）
- おとなになれなかった弟たちに…　　　　　　　　　　　　　　　　　　（偕成社）

9月の図書室

世界はひとつ

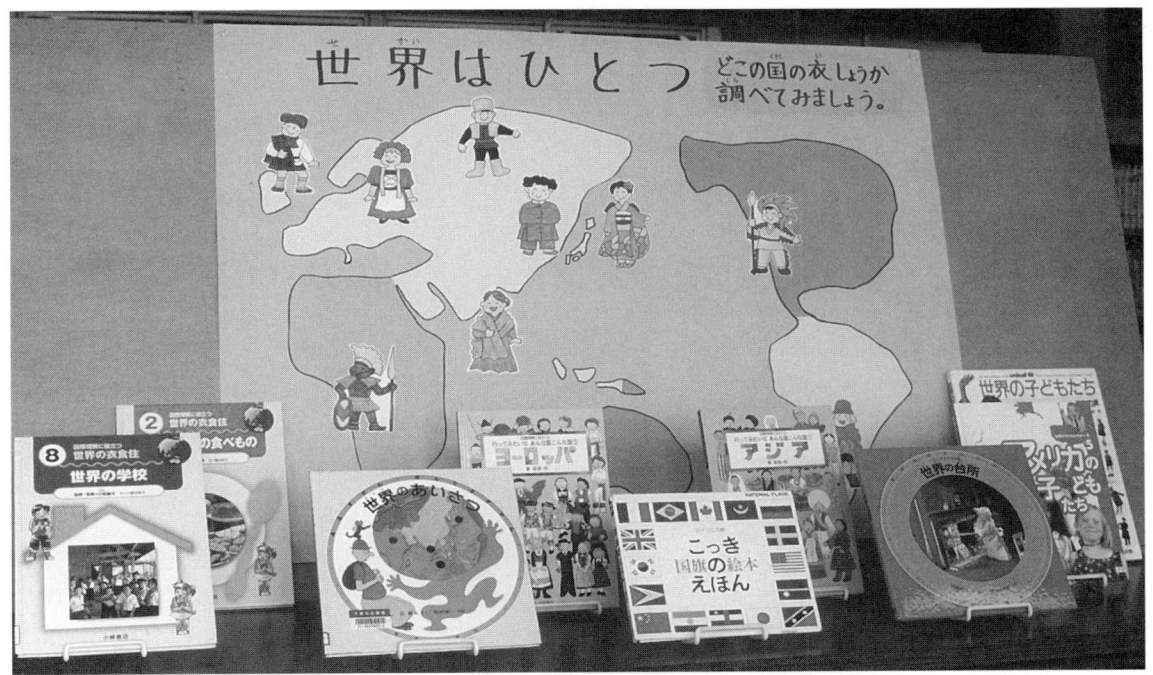

| ポイント | 世界地図がわかりやすく感じられるように五大陸を五色で色分けしました。 |

| 準　備 | ラシャ紙（あさぎ，クリーム，黄緑，赤紫，青，ピンク） |

| 作り方 | 五大陸をP.88を参考に描いて切り取る。
P.89を拡大コピーして図書委員に色をぬってもらう。 |

■ 展示した本 ■

・国際理解に役立つ世界の衣食住　②ヨーロッパの食べもの　⑧世界の学校（小峰書店）
・行ってみたいなあんな国こんな国　①アジア　②ヨーロッパ　　　　　　（岩崎書店）
・世界のあいさつ　　　　（福音館書店）　・世界の子どもたち　　　　（ほるぷ出版）
・国旗の絵本　　　（戸田デザイン研究室）　・世界の台所　　　　　　（福音館書店）
・アメリカの子どもたち　　　（学習研究社）

| ヒント | このような本がそろっていると，すぐに学習に使えます。
　4年生の総合的な学習の時間に「行ってみたい国」というテーマに取り組みました。
　はじめに本を見て，各自で気に入った国を決めて調べました。（次ページ） |

総合的な学習　「行ってみたい国」（4年生）

◆ドイツについて調べて発表する小松ももさんと大西香菜さん

> 行ってみたい国
>
> 四の二　大西香菜
>
> 私は「行ってみたい国」の学習で、ももちゃんと二人でドイツを調べることにしました。なぜドイツにしたかというと、本にきれいな町や家が出ていたからです。だから「行ってみたい」と思って決めました。大変だったけど何とかできました。みんなの発表のよかったところは次のことです。陽司君チームとのぞ美ちゃんチームはげきで表してとても上手

> した。綾子ちゃんチームは衣しょうがよくて、恵里子ちゃんチームはシンガポールのお金や物を持ってきてみんなに見せてくれてよくわかりました。
>
> 「行ってみたい国」の学習をしてドイツはこんなにすてきな
>
> んだと言うことがわかりました。風邪で声が出なくて残念だったけど、ももちゃんが代わりに言ってくれて助かりました。
>
> 次の個人テーマの総合学習でも、資料をしっかり集めてよい発表ができるようにしたいです。

本とコンピュータ

　調べ学習ではコンピュータを使うことも多くなりました。本や百科事典である程度調べてキーワードとなる言葉をつかんでから，コンピュータでも調べます。

　コンピュータは便利ですが，その情報が必ずしも正しいとは限りません。情報を更新していない場合もあることを子どもにも伝えます。

　また，プリントした資料をそのまま台紙にはって発表資料にしないで写真や絵，グラフなどを有効的に使い，自分の言葉で書いて説明するようにさせる必要があります。作った資料は本人の許可をもらって図書室に保存すると，次に学習する人の参考になります。

　本もコンピュータもどこから引用したか，明記します。

10月の図書室

　いよいよ読書の秋。毎年恒例の学校での取り組みが決まっている学校も多いのではないでしょうか？　また、「今年は新たにこんな工夫を」と考えるのも楽しみです。図書委員に活躍してもらって学校全体で盛り上げていってください。

● 今月の主な仕事 ●

- 読書週間（10月27日～11月9日）の取り組み
  ＊学校独自で読書月間や、○○学校読書週間という設定をするのもよいでしょう。
- 学校で恒例の読書活動

読書週間の活動例

- 読書集会………体育館に全校児童・生徒が集まって読書にちなんだ集会をします。たとえば、○×クイズや、図書委員の劇や朗読などをします。
- 図書委員によるお話会………朝自習や昼休みに、絵本の読み聞かせ、パネルシアター、ペープサート劇などをします。
- 司書や先生のお話会やブックトーク………昼休みだけではなく、授業でもします。
- 給食時間に放送で朗読
- 地域ボランティアの方によるお話会
- 読書週間に読んだ本の記録
- 図書委員からのしおりプレゼント（作り方 P.56 参照）
- 先生方からのおすすめの本の紹介（作り方 P.18, P.70 参照）
- 図書クイズ（クイズの解答用紙 P.67 参照）

ブックトーク

　ブックトークというのは、あるテーマにそって何冊かの本を紹介する方法です。
　ブックトークをする人は、選んだ本の内容をよく読み込んで、本の魅力が聞き手に伝わるように紹介します。聞き手の年齢に合わせて、できるだけいろいろなジャンルから選ぶようにしてください。
　テーマは授業の内容に関連させることもありますし、10月の展示例「おいしい本」や、11月のテーマ「魔法」などは、小学校中学年以上がよく聞くテーマです。月々のテーマがブックトークのテーマにも使えます。

10月のテーマ 「食べ物」「動物」

食欲の秋にちなんだコーナー

ポイント かわいいレストランのテーブルクロスをイメージした布を後ろにはってキッチングッズを掲示します。

準備 カーテン用の布（ある中学では給食配膳台用の布を使用），絵をはる厚画用紙，薄茶の色画用紙，油性ペン，サインペン，色えんぴつ，セロハンテープ

作り方 P.90の絵を拡大コピーして画用紙にはり，色を塗ります。まるめたセロハンテープで布にはります。

展示コーナーの案内板

（カラー口絵 P.3参照）

ポイント ちょっとクラッシックなレストランの店先に出ている感じに。

準備 美術で使うイーゼル額，色画用紙（茶・薄茶・緑），マジック

作り方 ツタはP.90の型紙参照。茎は油性ペンで書きます。

■ 展示した本 ■

- おだんごぱん　　　　　　　　　　　（福音館書店）
- おしゃべりなたまごやき　　　　　　（福音館書店）
- おりょうりとうさん　　　　　　　　（フレーベル館）
- めざせ！　あこがれの仕事⑧
  　花屋さん，すし屋さん，シェフ　　（ポプラ社）
- クッキングあそび春・夏・秋・冬　　（黎明書房）
- おだんごスープ　　　　　　　　　　（偕成社）
- こどもがつくるたのしいお料理　　　（婦人之友社）
- 知っているときっと役に立つ食べ物クイズ110
  　　　　　　　　　　　　　　　　　（黎明書房）
- たべものひみつはっけん　　　　　　（草土文化）
- わたしの仕事最新集
  　食べ物を作る人，売る人　　　　　（理論社）
- からすのパンやさん　　　　　　　　（偕成社）
- おおきなおおきなおいも　　　　　　（福音館書店）

ヒント 食べ物が出てくる本は，みんな大好きです。小学校　低学年には絵本がたくさんあります。中・高学年には物語，高学年から中学生には料理の本や料理に，関する仕事の本がおすすめです。中学校では正しい食生活やダイエットの本を並べてください。

エルマーコーナー

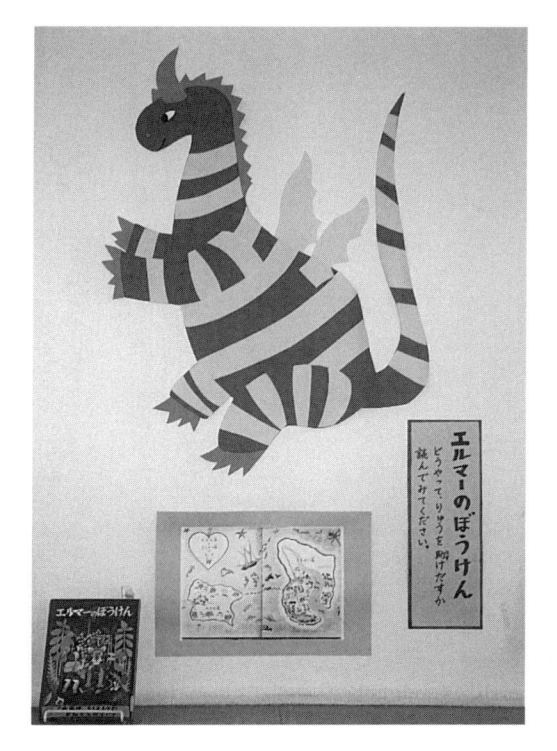

ポイント
「みかん島とどうぶつ島のちず」をコピーしてはってあります。写真では本は1冊ですが，多めにあれば下記の3冊を展示してください。すぐに借り手がつくので，カバーのカラーコピーを掲示してもいいです。

準　備
ラシャ紙，模造紙（そらいろ，黄色）色画用紙（赤，みずいろ，黄緑）

作り方
『エルマーと16ぴきのりゅう』の表紙を参考に。まず，そらいろのラシャ紙模造紙でボディを作り，黄色を細長く切って上にはりました。爪などは赤い画用紙をはりました。

（カラー口絵 P.2 参照）

■ 展示する本 ■

- エルマーのぼうけん　　　　　　　　　　　　　　　　（福音館書店）
- エルマーとりゅう　　　　　　　　　　　　　　　　　（福音館書店）
- エルマーと16ぴきのりゅう　　　　　　　　　　　　　（福音館書店）

『エルマーのぼうけん』について

　この本は低学年を中心にとても人気があります。家庭に寄贈を求めると，たくさん集まる本です。

　学校では3セットあっても，常に貸し出し中ということがありました。

　この学校では，挿し絵を参考に作ったぬり絵に，色をぬった子の名前を書いて掲示しました。しばらくは，エルマーブームが続きました。

杉並区立西荻図書館児童室の作品
☆拡大コピーした絵に色をぬったそうです。

動物が出てくる物語

ポイント
カバーをはずしても本の絵が同じものは、はずして掲示に使えます。カバーをはずすと絵がない本は、カバーの上にビニールカバーをつけて書架に並べます。カバーがはずせない本は表紙をカラーコピーして掲示します。

■ 展示する本・展示したい本 ■

- 片耳の大シカ　　　　　　　（ポプラ社）
- 月の輪グマ　　　　　　　　（ポプラ社）
- へんてこヒヨドリ　　　　　（筑摩書房）
- 山の雄ヒツジ，クラッグ　　（集英社）
- 灰色ぐまワーブの一生　　　（集英社）
- シートン　　　　　　　　　（チャイルド本社）
- ぎざみみぼうや　　　　　　（チャイルド本社）
- セミせんそう　　　　　　　（筑摩書房）

準備
ラシャ紙模造紙，カバーや表紙のカラーコピー，セロハンテープ

作り方
おおかみ王ロボP.91をコピーして，図書委員に色をぬってもらいます。カバーやカラーコピーをはります。学校の図書室にある本を紹介してください。

　シートンも椋鳩十もぽっぺん先生も，文字が大きい本と小さい本が出ています。両方あると，まずやさしいほうを読んで，そのおもしろさを知ってから文字の小さい本に挑戦できます。シートンは4，5年生の男子を中心に人気があります。今まで，あまり本を読まなかった5年生の男子が「いつも，こんな感動する本が読みたい。」と，つぶやきました。

● 簡単アイデアコーナー ●

入り口のアーチ　読書週間の雰囲気作りに

ポイント　色の組合せを考えて作り，図書委員と楽しく飾ってください。文字は達筆な先生に筆で書いてもらうともっと映えます。

準備　色画用紙（赤，黄色，茶色，緑），四角く切った小さめの画用紙，セロハンテープ

作り方　型紙P.92を使って，葉っぱを切ってください。画用紙を折って重ねて切ると早くできます。まるめたセロハンテープで入り口にはります。

← （カラー口絵P.3参照）

11月の図書室

　11月を読書月間にして，恒例の取り組みをする学校も多いことでしょう。日がどんどん短くなって，あっという間に暗くなります。外で遊べなくなった分，読書に目をむけさせたいものです。親子での読書もすすめましょう。

● 今月の主な仕事 ●

・10月に引き続き，読書の秋のイベント
・後期新刊の紹介　　　・読書感想画の紹介

本を読む児童・生徒を育てるには

・関心の持てる本をそろえて，紹介する。
　　古い，汚い本の並べてある図書室ではいけません。
・読む時間を学校で確保する。
　　朝読書ももちろんですし，図書室で全員が本をじっくり読む時間をとります。
・家庭でも読むように，課題やおすすめリストを出す。
・学級文庫や，家庭によい本をそろえていく。(公共図書館から借りてくる)
・児童，生徒一人一人をよく見て，その子に合った本をすすめる。
・児童，生徒から，おすすめの本を友人に紹介していく。

ブックトークをする平野綾子さん（4年生）

紹介している本は
『魔法のゆび』ロアルド・ダール　　（評論社）

　これは教室ですが，昼休みの図書室や校内放送などで，図書委員がすることもできます。

11月のテーマ 「魔法」「推理」

魔女・魔法の本

ポイント	影絵風の絵がひきたつように，背景をオレンジにします（カラー口絵P.3参照）。
準　　備	ラシャ紙（オレンジ），色画用紙（黒），図書室にある魔法に関する本のカバー，あるいは，カラーコピー
作 り 方	P.93を拡大コピーして，黒い画用紙の上に置いて形をなぞり切り取る，または，拡大コピーした絵を黒くぬって切り取る。

■ 展示した本 ■

- 魔女学校の一年生　　　　　　　（評論社）
- 魔女学校の転校生　　　　　　　（評論社）
- ハリー・ポッターと賢者の石　　（静山社）
- ハリー・ポッターと秘密の部屋　（静山社）
- ハリー・ポッターと炎のゴブレット㊤㊦
　　　　　　　　　　　　　　　　（静山社）
- 魔女になりたくない女の子（学習研究社）
- まほうのスープ　　　　　　　（岩波書店）
- ライオンと魔女　　　　　　　（岩波書店）
- まよなかの魔女の秘密　　　　（理論社）
- 魔女の宅急便　　　　　　　（福音館書店）
- まじょ　　　　　　　　　　（佼成出版社）
- 魔法のゆび　　　　　　　　　（評論社）
- とびらをあけるメアリー・ポピンズ
　　　　　　　　　　　　　　（岩波書店）
- 帰ってきたメアリー・ポピンズ
　　　　　　　　　　　　　　（岩波書店）
- 魔女ジェニファとわたし（岩波書店）

11月の図書室

秋の夜長は
　　　　推理小説

ポイント	図書室にある本の中から代表的な推理小説3シリーズを紹介します。
準　備	ラシャ紙半分，油性ペン，色えんぴつ
作り方	型紙 P. 93～94 を拡大コピーして，図書委員に色をぬってもらいます。

■ 展示した本 ■
- 〈新訂〉少年探偵・江戸川乱歩　⑫海底の魔術師　⑯魔人ゴング　　（ポプラ社）
- 〈新訂〉シリーズ怪盗ルパン　④奇巌城　⑤消えた宝冠　　　　　　（ポプラ社）
- 名探偵シャーロックホームズ　ノーウッドの建築家　　　　　　　（岩崎書店）
　　　　　　　　　　　　　　ボスコム谷のなぞ　　　　　　　　　（岩崎書店）

● 簡単アイデアコーナー ●

秋の本を読もう

■ 展示した本 ■
- 秋の草花あそび（ポプラ社）
- 流れ星に願いを（ポプラ社）
- どんぐりと山ねこ（講談社）

ポイント	チェックの布と木の実で秋の雰囲気に。
準　備	布，まつぼっくり，どんぐり，色画用紙（クリーム），油性マジック
作り方	色画用紙に字を書いて三角に折り，立てられるようにします。

読書感想画 『サーカスのライオン』

川堀悠樹君（4年）

鎌田瑛良君（4年）

平野綾子さん（4年）

有馬史織さん（4年）

■読書感想画というのは，読んだ本の様子を想像して絵で表したものです。ただ絵を描くのではなく，内容を読み味わって，感動をこめて描きます。

　感想画を描くことで読みが深まり，またそれを掲示して，その本のおもしろさを他に伝えていくこともできます。

■全国学校図書館協議会主催の読書感想画コンクールの募集が1月にあるので，応募するなら，11月ぐらいが描くのにちょうどいい時期です。

■上の4点は，上記とは別のコンクールで入賞した作品です。

川村たかし・文／斎藤博之・絵
『サーカスのライオン』
　　　　　（ポプラ社）

12月の図書室

　街はクリスマス一色。子どもたちの心もはずんでいます。図書室も楽しい雰囲気作りをしましょう。また，人権週間（4日～10日）や障害者の日（9日）もあります。みんなが仲よくできる気持ちもはぐくんでいきたいものです。

● 今月の主な仕事 ●

- 本の廃棄
- 未返却の本の催促
- 図書室の大そうじ
- 冬休みに読む本の貸し出し

本の廃棄

　図書室の大切な仕事の一つです。廃棄を定期的にしないと，図書室の魅力がなくなってしまいます。資料として使えないほど古い本や傷みのはげしい本を廃棄します。
　資料として使える本は，できるだけ修理してください。

未返却の本の催促

　今までよく管理がされていなかった図書室では，未返却のまま紛失してしまう本がありました。学期末には，必ず返すように担任の先生からも呼び掛けてもらいます。これを図書委員会の仕事にすると，図書委員自身に本を大切にする気持ちが育ちます。P.63の「未返却者への催促状」を利用してください。

クリスマスの本

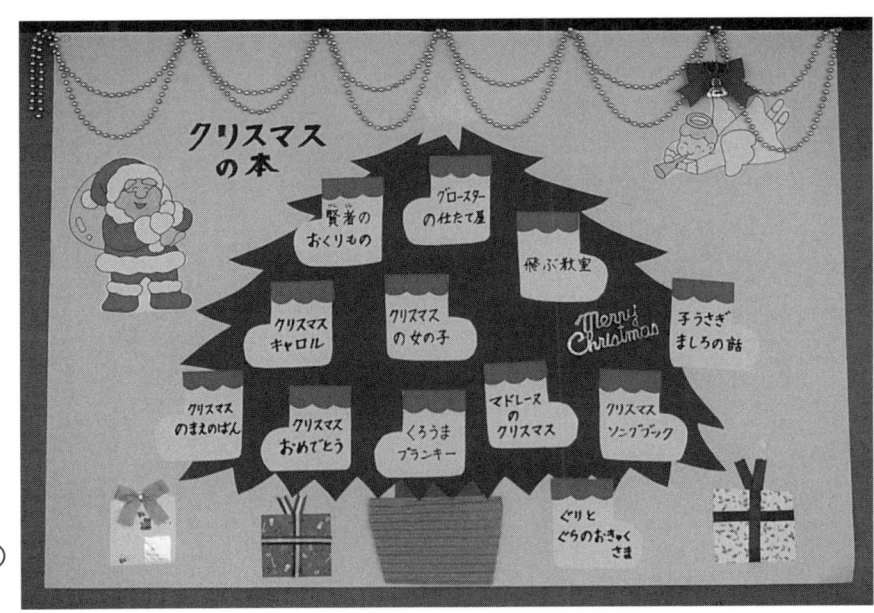

（本を展示する前）

12月のテーマ 「ハンディのある人への理解」「クリスマス」

ハンディのある人への理解

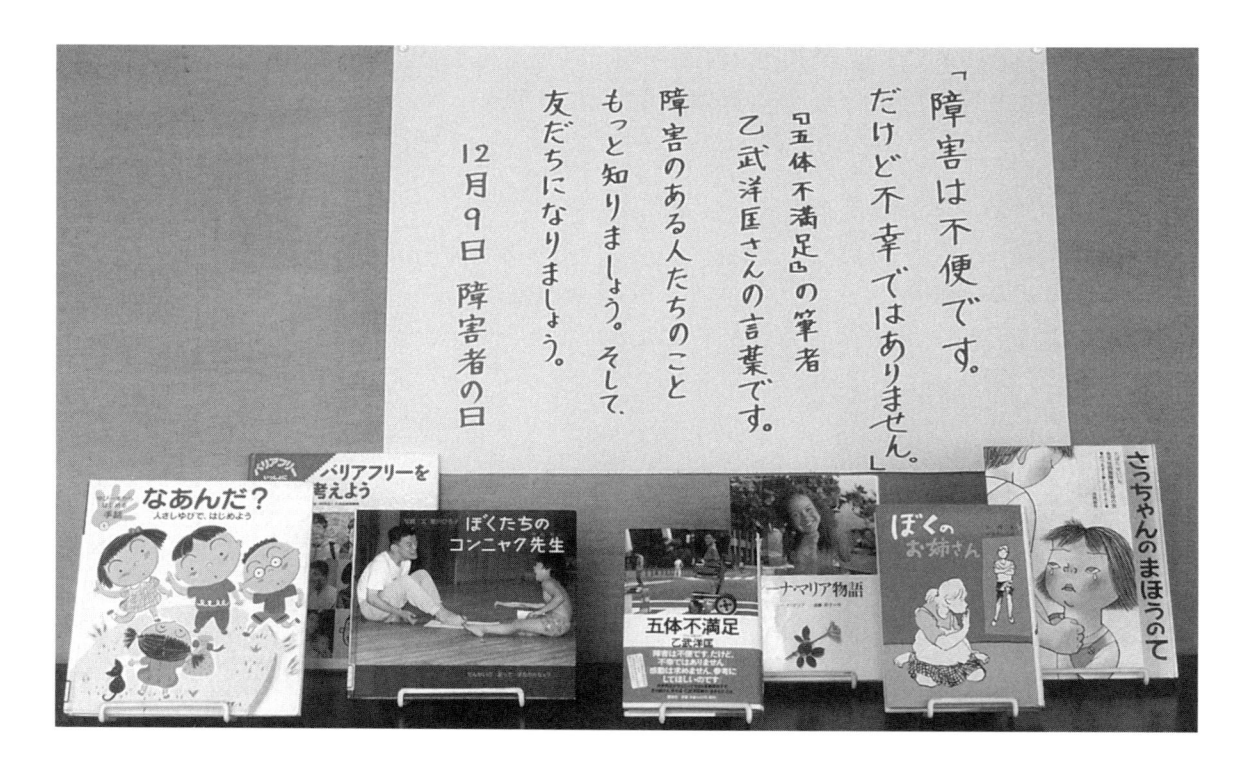

> 「障害は不便です。
> だけど不幸ではありません。」
> 『五体不満足』の筆者
> 乙武洋匡さんの言葉です。
> 障害のある人たちのこと
> もっと知りましょう。そして、
> 友だちになりましょう。
> 12月9日　障害者の日

ポイント　装飾は少なめにして、言葉で伝えます。

準　　備　ラシャ紙（クリーム色）半分，油性ペン（青，緑）

■ 展示した本 ■

- ゆび一本からはじめる手話①　なあんだ？　　　　　　　　　　　　　（ポプラ社）
- バリアフリーを考えよう　　　　　　　　　　　　　　　　　　　　　（ポプラ社）
- ぼくたちのコンニャク先生　　　　　　　　　　　　　　　　　　　　（小学館）
- 五体不満足　　　　　　　　　　　　　　　　　　　　　　　　　　　（講談社）
- レーナ・マリア物語　　　　　　　　　　　　　　　　　　　　　　　（金の星社）
- ぼくのお姉さん　　　　　　　　　　　　　　　　　　　　　　　　　（偕成社）
- さっちゃんのまほうのて　　　　　　　　　　　　　　　　　　　　　（偕成社）

クリスマスの本

| ポイント | 使っていないクリスマスの飾りを再利用して，華やかに演出します。 |

| 準　備 | ラシャ紙（クリーム，緑），ダンボール，画用紙（白，赤，黄色，茶色），クリスマスの飾り，包装紙，リボン，色のついた画びょう |

| 作り方 | 緑のラシャ紙でツリーの葉の部分を作る。ダンボールをぬらして1枚はがしたものを植木鉢にする。
くつに赤い画用紙をはり，クリスマスに関係する本の書名を書いてはる。
P.95の絵を拡大コピーして図書委員に色をぬってもらう。 |

■ 展示した本・したい本 ■

- クリスマス人形のねがい　　　　　（岩波書店）
- クリスマスおめでとう　　　　　　（こぐま社）
- クリスマスソングブック　（リブロポート）
- クリスマス　クリスマス　　　（福音館書店）
- グロースターの仕立屋　　　　　（福音館書店）
- モンスターホテルでクリスマス（小峰書店）
- クリスマスのまえのばん　　　　　（偕成社）
- クリスマスの女の子　　　　　　（福武書店）
- マドレーヌのクリスマス　　　　　（BL出版）
- 子うさぎましろのお話　　　　　　（ポプラ社）
- クリスマス・キャロル　　　　　　（岩波書店）
- 飛ぶ教室　　　　　　　　　　　　（岩波書店）
- くろうまブランキー　　　　　（福音館書店）

●簡単アイデアコーナー●

クリスマスツリーを使って

ポイント クロスを使って雰囲気を出します。

準　備 家庭で眠っているクリスマスツリー，クロス

ヒント 家庭で使っていないツリーがないか，先生方に呼び掛けると，貸してもらえます。

クリスマスのすてきな掲示

東京都中野区立中央図書館児童コーナー

ビニールコートがかけてあるのでとてもきれいで，持ちもいいそうです。

1月の図書室

　年改まり気持ちがひきしまる1月，3学期のスタートです。児童・生徒それぞれ力をつけてきていますので，今まで読んでいない本にも手を伸ばせるように工夫していきます。

● 今月の主な仕事 ●

・干支にちなんだコーナー作りと本の紹介　・昼休みにカルタとり大会
・学級で百人一首
・後期発注の本の紹介と新刊コーナー作り
・学級文庫を学年内で交換または図書室の本と交換

日本の文化，郷土の伝統

　干支や百人一首，カルタなどで，1月は日本の文化にふれることができます。1月ではなくても，学区やその周辺にはお祭りや古くから受け継がれている行事があります。図書室でも文化や伝統を大切に考えます。
　百人一首や，カルタとりは小学校低学年にはむずかしいですが，坊主めくりなら楽しめます。中学生も坊主めくりは盛り上がりました。

郷土コーナー

　市町村や都道府県から出たパンフレットや資料を集めておきます。総合的な学習で作った資料も，本人の承諾があればコピーしてとっておきます。
　校長室や職員室に使わない立派な資料がある場合もあります。許可をとって，図書室の資料にします。

学級文庫

　朝読書を実施している学校では，特に充実させていきたいものです。小学校高学年の場合は1学期に1回，低学年の場合は絵本が多く，すぐに読んでしまうので，2カ月に1回は入れ替えをします。
　図書室に置けないような古い汚れた本は教室でも読まれません。本が足りない場合は，公共図書館から集団貸し出しをしてもらったり，寄贈を募ったりします。あるいは，学級内で持ち寄ります。

1月のテーマ　「日本の昔話」「鬼」

日本の昔話クイズ

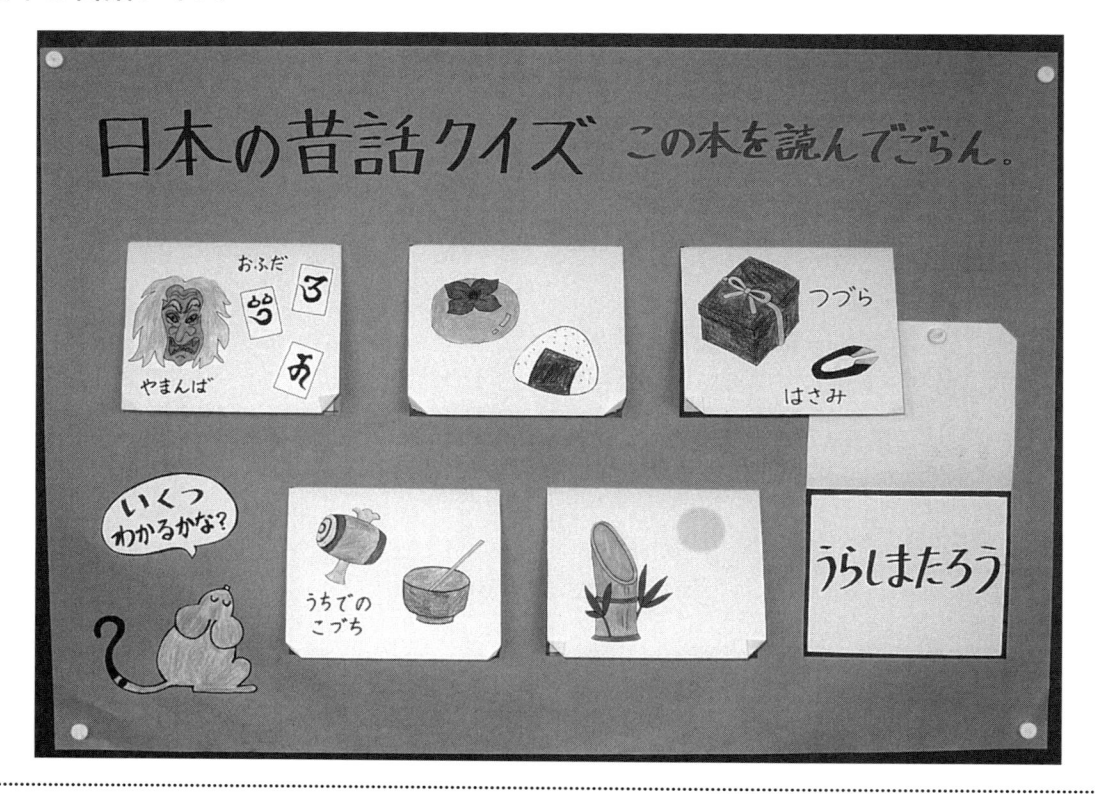

> クイズの答え：左上から　『三まいのおふだ』『かにむかし（さるかに合戦）』『したきりすずめ』『いっすんぼうし』『かぐやひめ』

ポイント　図書室にある昔話をクイズにしました。小学校低学年の子がめくれる高さに掲示します。

準　備　ラシャ紙（黄土色），板目表紙，油性ペン（黒，赤）

作り方　P.96〜97の絵を拡大コピーして半分に折った板目表紙の表に，二つずつはります。めくった中に答えを書き，ラシャ紙にはります。

ヒント
・このクイズは廊下に掲示して，図書室の中に答えとなる本を並べておきます。また，読み聞かせにこの本を使います。日本の昔話や民話は小学校高学年もよく聞きます。
・「2つヒントのクイズ」を，この後，図書委員に作ってもらいます。あるいは出題する問題を募集して掲示します。

1月の図書室

オニの本

| ポイント | オニの頭に毛糸を使い，ひいらぎの葉先を少し立てて，立体感を出します。 |

| 準　備 | ラシャ紙（黄土色），画用紙（茶色，緑，クリーム），ダンボールをはがしたもの，毛糸，オニの出てくる本やことわざの本 |

| 作り方 |
- P.97を拡大コピーしてはります。立っているオニはA3の大きさ2枚に分けてコピーしてはり合わせてあります。
- 赤オニの頭の毛糸は，手でほぐしてあります。頭の部分にのりをつけて，そこに毛糸をのせてはりつけます。
- ひいらぎの枝はダンボールをはがしたものを使います。

■ 展示した本・展示におすすめの本 ■

- プンクマインチャ　　　　　　（福音館書店）
- ゼラルダと人喰い鬼　　　　　　（評論社）
- 九ひきの小おに　　　　　　　（ポプラ社）
- 鬼が出た　　　　　　　　　（福音館書店）
- ソメコとオニ　　　　　　　　（岩崎書店）
- 泣いた赤おに　　　　　　　　（偕成社）
- せつぶんだまめまきだ　　　　（教育画劇）

- いっすんぼうし　　　　　　　（福音館書店）
- 小学生のことわざ辞典　　　（学習研究社）
- まめ　　　　　　　　　　　（福音館書店）
- だいくとおにろく　　　　　（福音館書店）
- おにたのぼうし　　　　　　　（ポプラ社）
- 島ひきおに　　　　　　　　　（偕成社）
- 2がつどんなつき　　　　　　（小峰書店）

図書クイズと図書委員会の活動

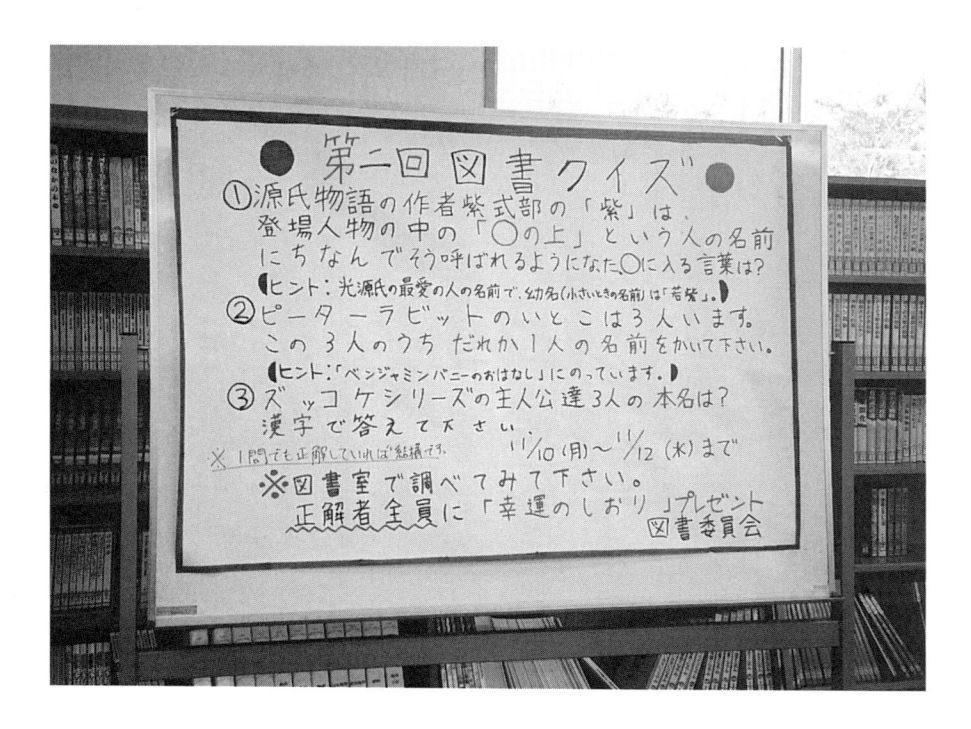

中学の図書委員会で考えたクイズを図書委員長が書きました。

図書委員の活動にするのと同時に，その本に関心を持って手にとるきっかけにします。しおりの作り方はP.56参照。

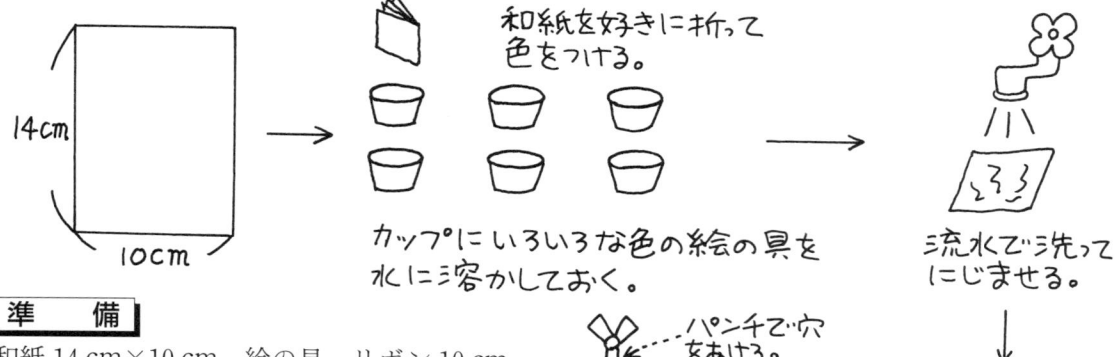

幸運のしおりの作り方

| 準　備 |

和紙14cm×10cm，絵の具，リボン10cm，カップ（給食で出たカップ），芯にする画用紙14cm×5cm，言葉を書く上質紙11cm×3cm

| ヒント |

言葉は詩の一文や格言など。相田みつをがおすすめ。

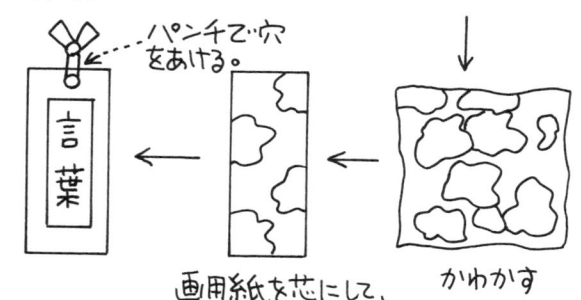

2月の図書室

　2月は寒さが厳しく，雪の降る日も多くなる一方，立春を迎えて，春の気配が感じられる日もあります。季節感のある掲示をしましょう。

● 今月の主な仕事 ●

- 「節分」のお話会，または，「もうすぐ春」のお話会
- 今年度をふりかえって，各学年から意見をもらう
- 卒業生は2月末には本を返却するよう呼びかける

お話会

　お話会は，決まった形式はありませんが，だいたいストーリーテリング（素話，語り）と絵本の読み聞かせ，低学年にはお人形の劇などを入れて30分前後のプログラムで行います。ボランティアの方が1クラスに1時間入るときには，3人ぐらいですることが多いようです。お話会で使った本は図書室に特設コーナーをもうけて紹介してください。

ストーリーテリング

　物語を覚えて，語って聞かせる方法です。丸暗記したものを話すのではなく，そのときの聞き手の様子で多少変わってきます。語り手は十分に練習する中で，物語を自分のものにして話します。

　絵本の読み聞かせとはまた違う，深い感動があり，語ったお話の本は長く次々と借り手がつきます。物語を楽しむ心を育てると同時に，聞いた物語の出ている本への関心も高めます。

今年度をふりかえって

　4月には職員の異動があります。新学期，また新しいメンバーで学校体制ができてスタートします。忙しいときに新年度の計画を立てなくてもいいように，そろそろ，年度のまとめに入ります。

　以下のことを先生方全員に聞いておきます。

- 今年度，図書室を使った調べ学習は何月にどんなことをしたか。
- 調べるために必要だったのに，なかった本は？
- 来年度，購入したらいいと思う本。
- 図書活動全般についての意見。

2月のテーマ　「ノンフィクション」「詩」

ノンフィクション

ポイント	雪だるまで、親しみやすく。

準　備	ラシャ紙（あさぎ），画用紙（白，水色，青，赤，黒）油性ペン

作り方	P.98を拡大コピーして，図書委員に色をぬってもらう。

■ 展示した本 ■

- 植村直己　地球冒険62万キロ　　　　　　　　　　　　　　（金の星社）
- 世界のお母さん　マザーテレサ　　　　　　　　　　　　　（ポプラ社）
- 海は死なない　　　　　　　　　　　　　　　　　　　　　（ポプラ社）
- まぼろしの花がさいた　　　　　　　　　　　　　　　　（くもん出版）
- ゴリラの山に生きる　　　　　　　　　　　　　　　　　　（金の星社）

ヒント	小学生は，本当にあった話が好きです。ただ，内容が少しむずかしいように見えて，進んで手にとる子が少ないので，小学校高学年以上にはブックトークにして紹介してください。

2月の図書室

詩 「りっしゅん発けいちつ行き」

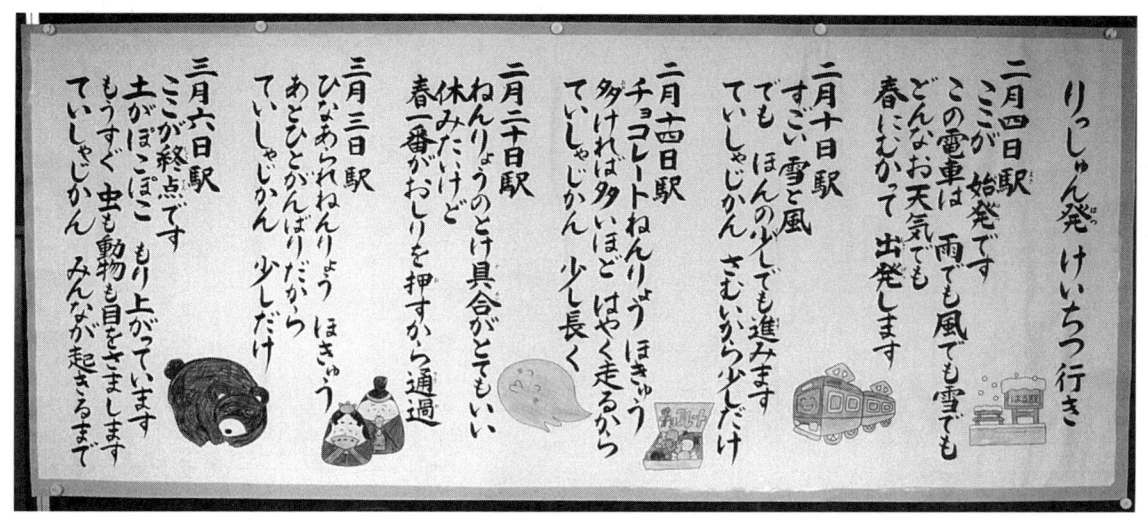

> りっしゅん発 けいちつ行き
>
> 二月四日駅
> ここが始発です
> この電車は 雨でも風でも雪でも
> どんなお天気でも
> 春にむかって 出発します
>
> 二月十日駅
> すごい雪と風
> でもほんの少しでも進みます
> ていしゃじかん さむいから少しだけ
>
> 二月十四日駅
> チョコレートねんりょう ほきゅう
> 多ければ多いほど はやく走るから
> ていしゃじかん 少し長く
>
> 二月二十日駅
> ねんりょうのとけ具合がとてもいい
> 休みたいけど
> 春一番がおしりを押すから通過
>
> 三月三日駅
> ひなあられねんりょう ほきゅう
> あとひとがんばりだから
> ていしゃじかん 少しだけ
>
> 三月六日駅
> ここが終点です
> 土がぽこぽこ もり上がっています
> もうすぐ 虫も動物も目をさまします
> ていしゃじかん みんなが起きるまで

糸永えつこ『ふしぎの部屋から』（銀の鈴社）より

ポイント 達筆な先生に書いていただきました。廊下の掲示に向いています。

準　備 模造紙，ラシャ紙，色えんぴつ

作り方 P.99を拡大コピーして色を図書委員にぬってもらい，掲示します。

詩 「めをさましたら」

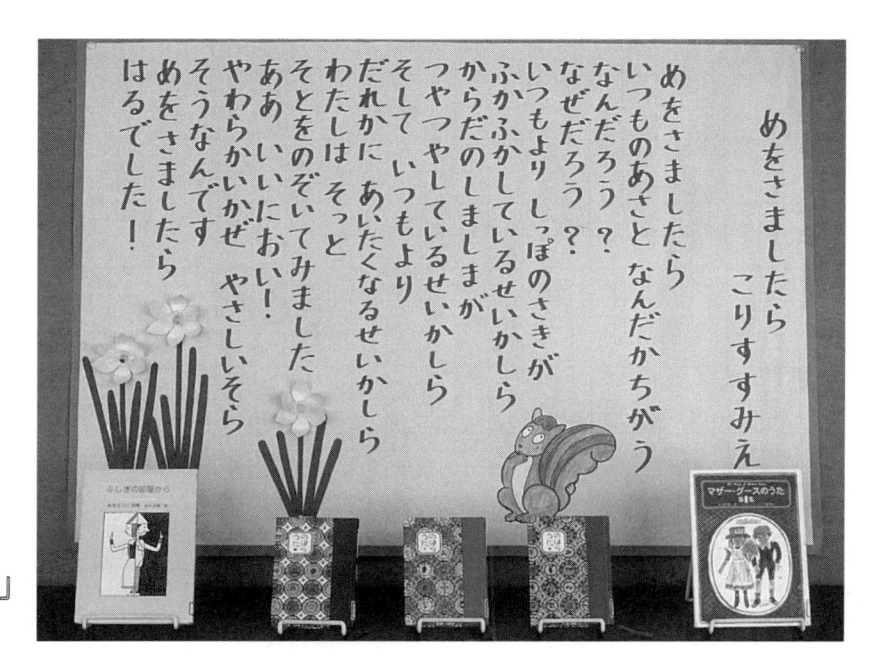

> めをさましたら こりすすみえ
>
> めをさましたら
> いつものあさと なんだかちがう
> なんだろう？
> なぜだろう？
> いつもより しっぽのさきが
> ふかふかしているせいかしら
> からだのしましまが
> つやつやしているせいかしら
> そして いつもより
> だれかに あいたくなるせいかしら
> わたしは そっと
> そとをのぞいてみました
> ああ いいにおい！
> やわらかいかぜ
> そうなんです
> めをさましたら
> はるでした！

工藤直子『のはらうたⅢ』
　　（童話屋）より

ポイント 立体的にした水仙と，茶色の文字で，春のやさしさがでるように。

準　備 ラシャ紙（わかくさ），模造紙（クリーム，マスめつき），画用紙（白，黄色，緑），油性ペン

水仙の作り方

準備 画用紙（白，黄色，緑），のり，クレヨン，洗たくバサミ

作り方

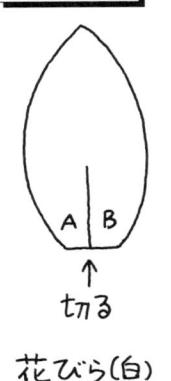

- 花びら（白）6枚
  - A,Bを切る
  - A,Bを重ねてはる
  - つかないときは洗たくバサミではさむ
- 画用紙（黄色）←細かく切れめ
  - まるめる → 折る
- 葉（緑）
  - クレヨンで色をつけると立体感が出る

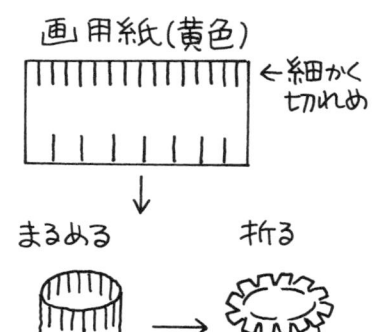

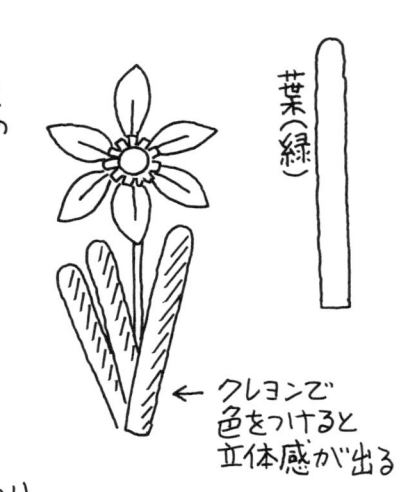

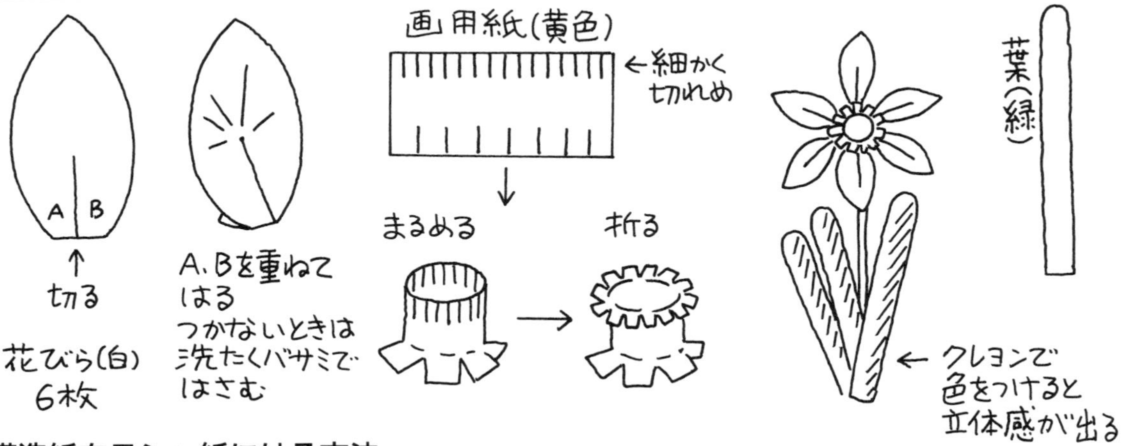

模造紙をラシャ紙にはる方法

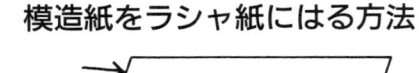

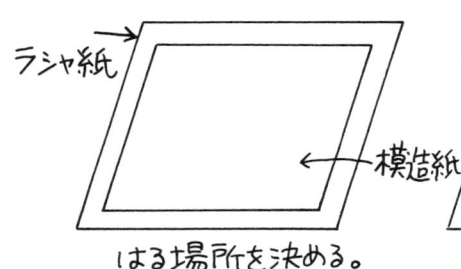

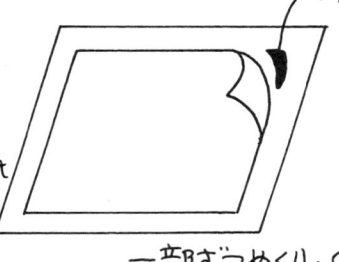

- ラシャ紙／模造紙
- はる場所を決める。
- のり
- 一部ずつめくり，のりをつけて順にはる。

■ 展示した本（P.49）■

- ふしぎの部屋から　　　　　（銀の鈴社）
- マザーグースのうた第1集　（草思社）
- のはらうた I II III　　　　（童話屋）

● 簡単アイデアコーナー ●

ひなまつり

ポイント 家で飾っていないお雛さまを使います。赤い布を使うと，華やかです。（カラー口絵P.4参照）

準備 お雛さま，赤い布，屏風

■ 展示した本 ■

- お雛さまをたずねて　（JTB）
- 三月ひなのつき　（福音館書店）
- りかさん　　　　（偕成社）

3月の図書室

3月はお別れの月です。また、新しい出会いを待ちながら、1年をふりかえり、自分の成長を確かめるときでもあります。自分らしさを確かめ、将来に夢が持てるように考えた掲示と本です。

● 今月の主な仕事 ●

- 図書委員会の1年の反省と、卒業する図書委員に感謝の言葉を贈る。
- 小学校1年生全員に賞状・たくさん図書室の本を借りた子に賞状を贈る。
- 3月1週目には本を全部返却してもらい、蔵書点検。
- 新刊で紛失した本はさがすように呼び掛ける。
- 廃棄する本を手続きをして処分・本の修理
- 1年間の活動報告まとめ、次年度にひきつぐことを明記しておく。
- 学級文庫を集める。または、点検をする。

賞状について

たくさん本を読んだら（借りたら）何かごほうびをあげるというのは、よい方法ではありません。ごほうびがほしくて、読まないのに借りる子がいたり、読み味わうことなく字面だけ追ってしまったりします。また、なるべく字の少ない本を選んだりして、読書力をつける妨げになることもあります。けれども、年間通して、〜冊以上借りた人というようなおおまかな目安で賞状を渡すのなら、本当に読んだ子の表彰になります。

小学校1年生は、初めて学校図書館を利用したので、全員にあげてください。P.65参照。

蔵書点検

小・中学校できちんと蔵書点検をしている学校は数少ないです。開校当時からというような蔵書点検は、何年もたっている学校はむずかしいので、少なくとも今年度購入した本と昨年度購入した本までは、点検しましょう。

誰が借りているかわからず、図書室にない本は登録番号もつけて一覧にします。廊下に掲示して見つけてもらうようにすると、案外、出てきます。先生が指導に使うつもりで持っていたというようなこともあります。

卒業式の1週間から10日前には、紛失している本をさがすように呼び掛けます。

学級文庫を集めるか点検する

傷んでいる本は廃棄か修理をするかにします。子どもたちの身近に置く本ですから、できるだけきれいな本を置くようにしたいものです。

| ３月のテーマ | 「新しい自分」　「将来の夢」 |

新しい窓をあけよう！

窓の外の絵と下の文：バーバラ・クーニー作　かけかわやすこ訳
『ルピナスさん』（ほるぷ出版）より

ポイント	窓の向こうにきれいな景色が広がる感じに。
準　備	ラシャ紙（クリーム），画用紙（水色，わかくさ），油性ペン（茶色）
作り方	ラシャ紙に窓の形を描いて窓の部分をカッターで切り，開くようにする。裏から，カラー拡大コピーした絵をはって，景色のようにする。英語の文字は P.101 を拡大コピーして，色えんぴつなどで着色する。

窓の作り方

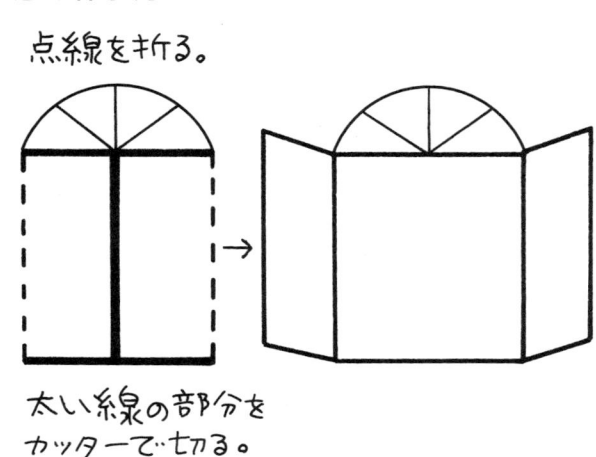

点線を折る。

太い線の部分をカッターで切る。

■ 展示した本 ■

- とべバッタ　　　　　　　　（偕成社）
- いつかはきっと…　　　　　（ほるぷ出版）
- アリスの見習い物語　　　　（あすなろ書房）
- ラチとらいおん　　　　　　（福音館書店）
- ルピナスさん　　　　　　　（ほるぷ出版）

| ヒント |

- 読んで勇気づけられる本です。
- 新しい自分を発見する喜びが味わえます。

3月の図書室

未来に向かって

| ポイント | 鳥がはばたいて翔んでいくように。 |

| 準　備 | ラシャ紙（ピンク），画用紙（白，赤，黄緑，黒） |

| 作り方 | P.100の型紙で鳥の体を作る。羽根を重ねると少し厚みができる。
黄色の線を描いてから，音符や文字をはりつける。 |

■ 展示した本 ■

・めざせ　あこがれの仕事　①医師　看護婦　看護士
　　　　　　　　　　　　　②新聞記者　キャスター　ディレクター
　　　　　　　　　　　　　④タレント　歌手　声優　スポーツ選手
　　　　　　　　　　　　　⑥カーデザイナー　パソコン開発者
　　　　　　　　　　　　　⑨パークレンジャー　動物飼育係　　（以上，ポプラ社）
・わたしが選んだ職業　　　　　　　　　　　　　　　　　　　　（福音館書店）
・ぼくが宇宙をとんだわけ　　　　　　　　　　　　　　　　　　（講談社）
・うちゅうひこうしになりたいな　　　　　　　　　　　　　　　（佑学社）

| ヒント | 小学校5年生以上，中学生には将来の仕事を具体的に考える場が必要です。いろいろな仕事があるということをまず知るためのコーナーです。 |

図書ボランティア　＊新年度に向けて整備しました

保護者の手作りでできた閲覧コーナー

手作り座布団

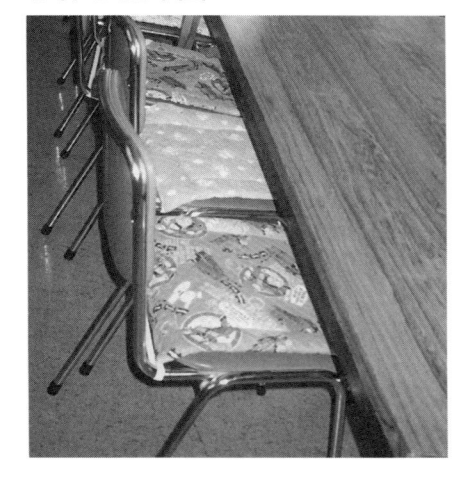

本の修理

↑学校だよりで全校によびかけて集めた布で，保護者の方が工夫して作りました。

ヒント　この他に，読み聞かせや，貸し出し，図書室の本の整理などもします。ボランティアですから，子どもたちのためにできることを無理しないで協力してもらいます。原則として子どもが卒業するまでとし，一人の人に長く負担をかけないように学校側も配慮します。

Ⅱ コピーしてすぐ使える資料

1 プレゼントにするしおりの作り方（例）

★読書週間の利用者や，図書クイズ正解者などにプレゼントします。

　注　意　個人貸出しカードが1枚終わったら（〇冊以上読んだら）プレゼントする，というような使い方はしないでください。小学校低学年は，プレゼントがほしくて借りるだけで，読まないことがあります。

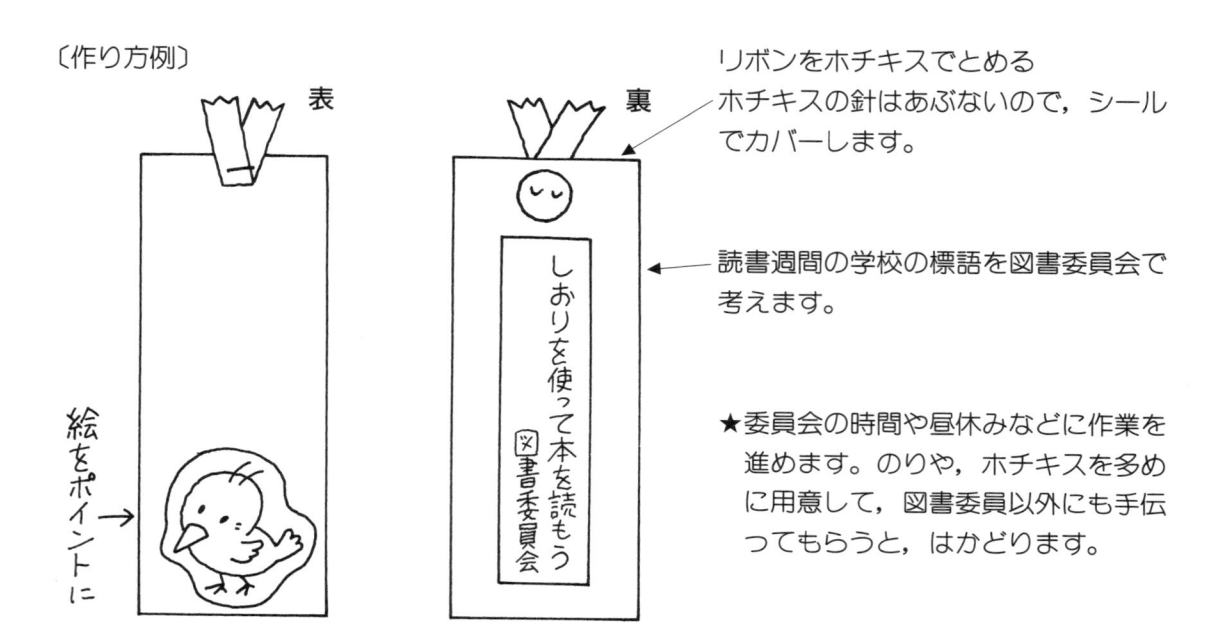

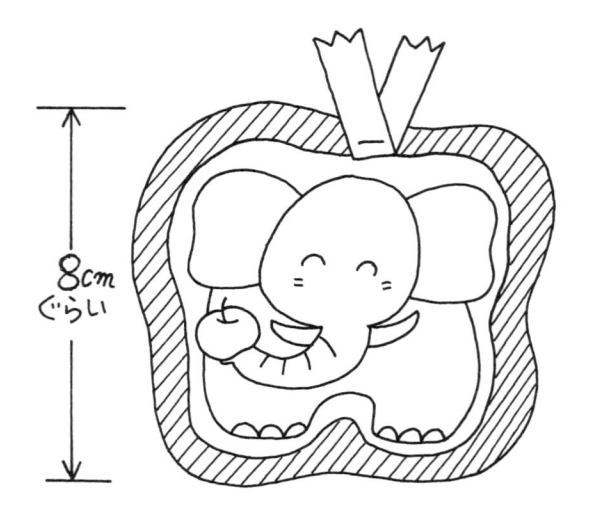

〔作り方例〕

表　　　　　　　裏

絵をポイントに

しおりを使って本を読もう
図書委員会

リボンをホチキスでとめる
ホチキスの針はあぶないので，シールでカバーします。

読書週間の学校の標語を図書委員会で考えます。

★委員会の時間や昼休みなどに作業を進めます。のりや，ホチキスを多めに用意して，図書委員以外にも手伝ってもらうと，はかどります。

8cmぐらい

★大きな絵を，色画用紙にはり，その形にそって切ると，変わった形のしおりになります。

★絵は，包装紙・カタログ・古本・古雑誌・広告・いらないカバーなどから切りとり，ストックしておきます。

★しおり用リボンも集めておきます。

2 コピーして使えるしおり

★少し拡大してコピーし，切るときは，枠の内側を切ってください。

3 見出し文字

- ようこそ図書室へ
- 先生のおすすめ
- 新しい図書委員
- 図書室でまってます!
- 4月23日は子ども読書の日
- 楽しい本
- 6月11日は学校図書館の日
- 新しい本が来たよ
- 新刊コーナー
- 夏休みにおすすめ
- 読書の秋
- 図書クイズ
- どくしょまつり
- 読書週間が始まります
- 図書クイズ
- おすすめの本
- 朝読書におすすめ
- この本探して!

4 「図書館だより」用題字

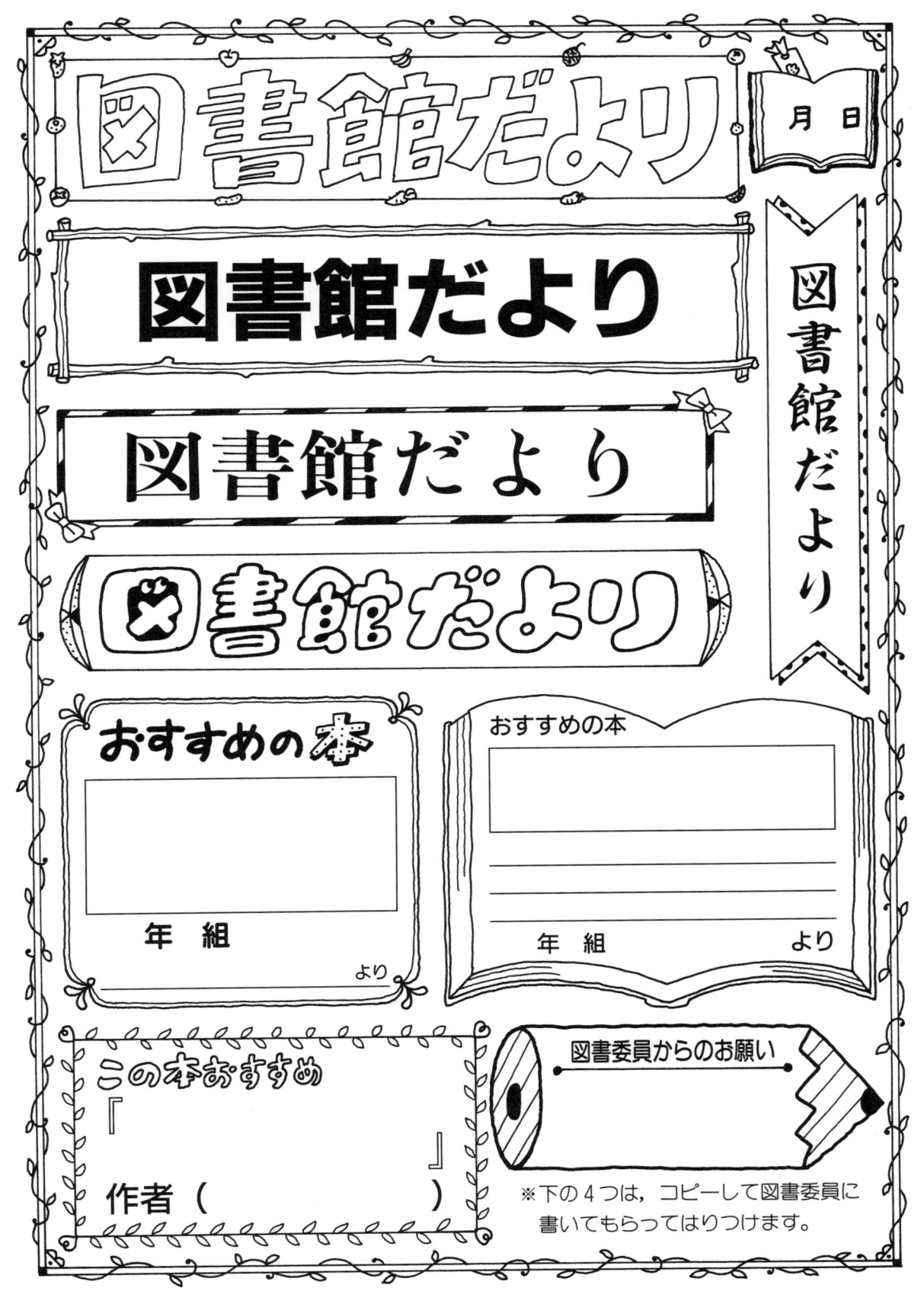

図書館だより

月 日

図書館だより

図書館だより

図書館だより

図書館だより

おすすめの本

年　組

おすすめの本

年　組　　　　　　　　　より

この本おすすめ
『　　　　　　　　　』
作者（　　　　　　　）

図書委員からのお願い

※下の4つは，コピーして図書委員に書いてもらってはりつけます。

5 「図書館だより」台紙

★図書委員で相談し，分担して書きます。コピーして切りとって配り，またはり合わせると，短時間でできます。

おしらせ

図書館だより
小学校図書委員会

読書の秋

図書委員から

6 読書ゆうびんはがき・本の紹介用紙①

★校内の人に本の感想や紹介の手紙を送ります。切手のところに校章や図書委員が考えたマークをいれてください。

★絵だけで読んだ本を紹介します。小学校低学年向きです。

7 小学校1年生向け貸し出しカード

★既成の個人用カードを使っている学校では，1年生はマスが小さくて書けません。これをコピーして画用紙に印刷して使ってください。6月くらいから書けます。まだむずかしい子には手伝ってあげてください。返却日は本のカードに回転印で押します。または返却日のカードを本の後ろにはったポケットに入れます。

1ねん　くみ	なまえ	
本のなまえ		かりたひ（がつ）（にち）
1		
2		
3		
4		
5		
6		
7		

8 未返却者への催促状

★本の管理も図書室の大切な仕事です。基本的に1週間返却が遅れている子に催促状を出すのがちょうどいいようです。この仕事をカウンター当番の図書委員の仕事にすると，図書委員に本を大切にする気持ちが育ちます。

小学校向き

本をかえしてください

　　　年　　組　（　　　　　　　　）へ

◆　　月　　日にかえす本がまだ図書室にもどっていません。
早めにかえしてください。

　　　　　　　　　　　　　月　　日　　図書委員会より

中学校向き

催　促　状

　　　年　　組　（　　　　　　　　）へ

◎返却日が1週間過ぎた本があります。
早めに返してください。

　　　　　　　　　　　　　月　　日　　図書委員会

※プライバシー保護のため，書名は催促状には入れません。

9 読書の記録カード

★このようなカードを読書週間や学校で決めた読書月間に記録すると励みになります。ただ,低学年は読んだ冊数を競争してしまうのでおすすめできません。

| 読書の記録 | 年　　組　　氏名（　　　　　　　） |

	書　　名	読み始め	終わり	ページ	感想メモ
1		日	日		
2		日	日		
3		日	日		
4		日	日		
5		日	日		
6		日	日		
7		日	日		
8		日	日		
9		日	日		
10		日	日		

感想メモの使い方

例）◎→　とてもおもしろかった。　　○→　おもしろかった。
　　△→　ちょっとつまらなかった。途中で読むのをやめた。

10 賞状

賞

本をたくさんよんだで賞

あなたは一年生になってとしょしつの本をさっかりました。これからも、たくさん本をよんでください。

年　月　日

小学校長

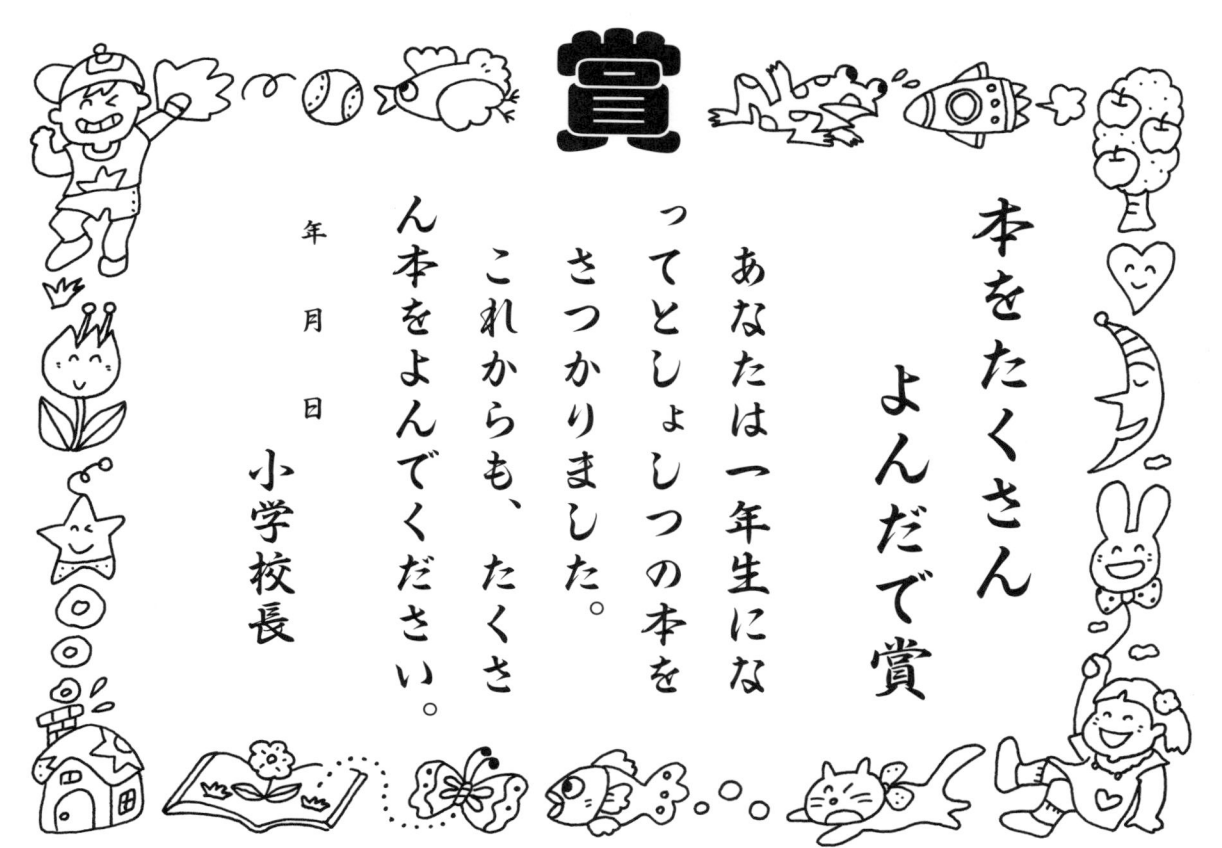

読書がんばり賞

あなたは本校図書室で　　冊、借りました。これからもたくさん読んで、知識をふやし、心を豊かにしてください。

年　月　日

小学校長

11 図書委員紹介カード・図書委員任命書

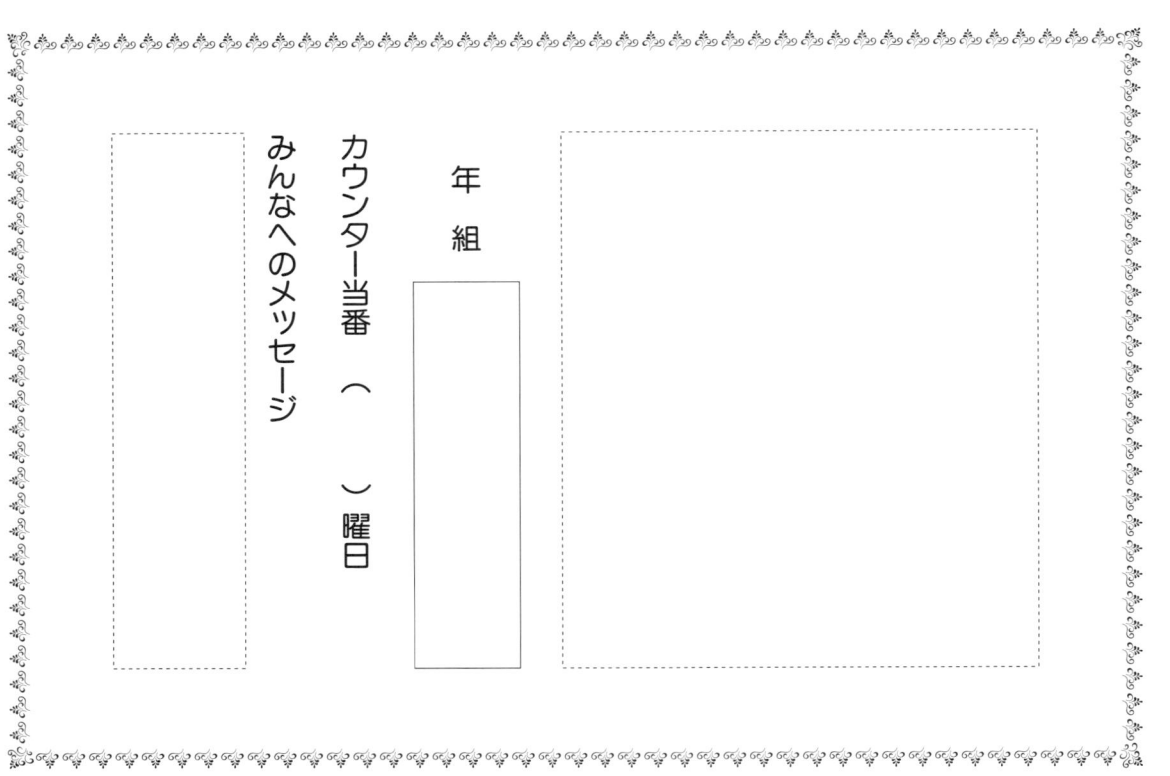

年 組

カウンター当番 （ ）曜日

みんなへのメッセージ

★右の囲みの中に自分の似顔絵をかいたり，写真を貼ります。

図書委員任命書

このたびあなたを図書委員に任命しました。

あなたの努力とアイデアで、本校の図書活動がさらに活発になることを期待しています。

図書担当

12 図書クイズ解答用紙

としょクイズのこたえ　年　組　なまえ〔　　〕	1	2	3

図書クイズの答え　氏名　年　組〔　〕	1	2	3	4	5

13 本の紹介用紙②

★拡大コピーして使ってください。
★掲示して，お気に入りの本を広めます。濃い字で（できればサインペン）しっかり書くように，子どもたちに言います。

おすすめの本

書名

年組（　）

書名　　　　　　　　　　　　（氏名　　　　）

絵

コメント

14 リクエストカード・予約カード・お知らせカード

★児童・生徒から図書室に入れてほしい本を募ると，図書室が活気づきます。
　また，借りたい本がないときは予約カードに書いて待ちます。リクエストや予約した本が届いたら，お知らせカードで連絡してください。

本のリクエスト　　　　　　　月　　日

書名　　　　　　　　　　　　　　　出版社

作者　　　　　　　　　年　　組（氏名　　　　　　　　）

本　の　予　約　　　　　　　月　　日

書名

年　　組（氏名　　　　　　　　　　　　　　　）

♪ 図書室からのお知らせカード ♬

年　　組　（　　　　　　　）へ

予約した本がとどきました。

月　　日（　　）までに借りにきてください。

15 おすすめコーナー表示

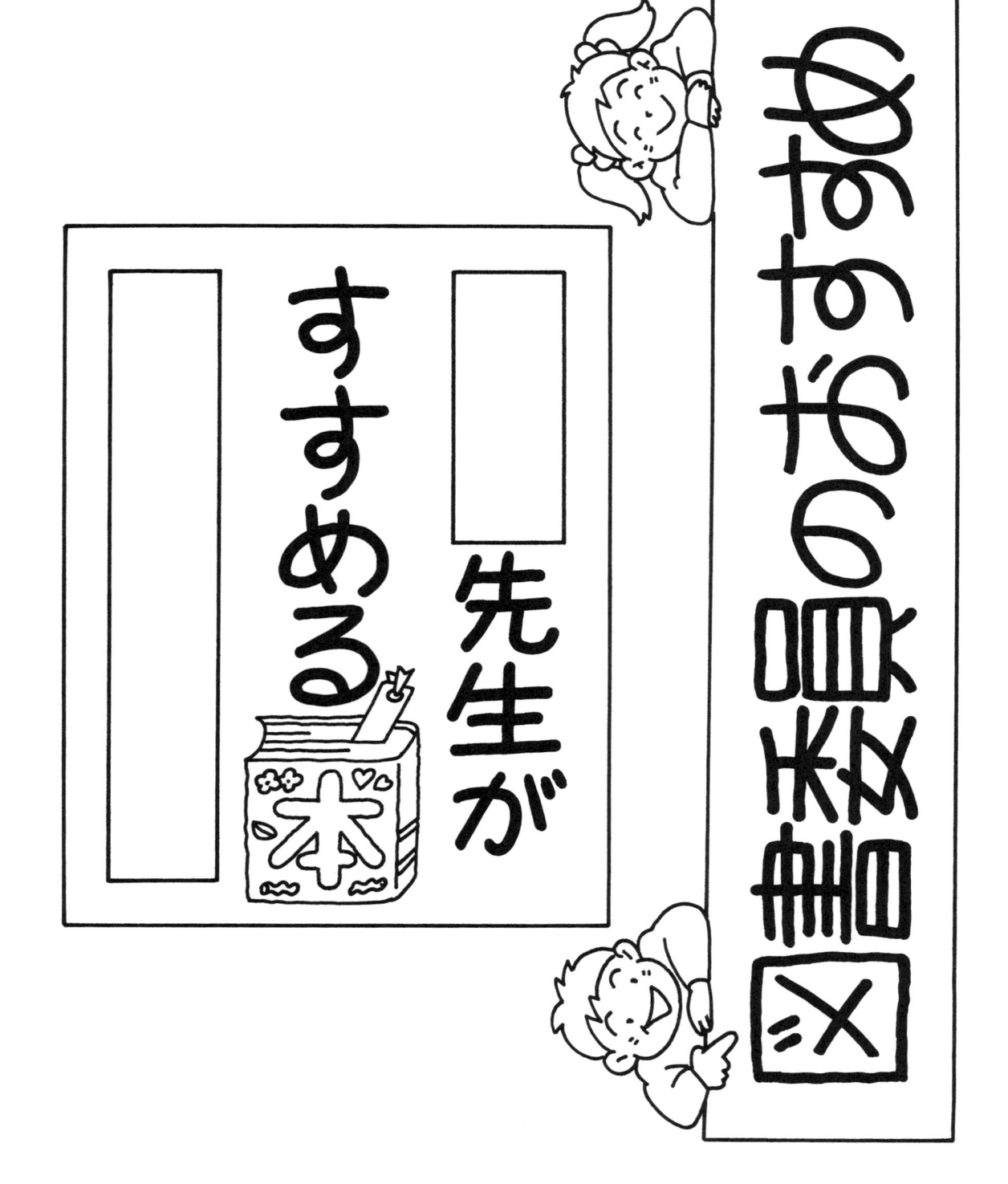

図書委員のおすすめ

先生がすすめる本

16 楽しい分類表示

★拡大コピーして厚紙等にはり，書棚に展示してください。

0	総記
1	哲学・宗教
2	歴史・伝記 地理
3	社会
4	算数 理科

5	技術 工業 家庭
6	産業
7	芸術 体育
8	言葉
9	物語

17 イラスト・カット集 ①図書室の子どもたち

②本・ア・ラ・カルト

③動物の入ったカット

④季節感のあるカット

Ⅲ 12カ月の展示・掲示の型紙集

4月　ようこそ図書室へ／図書室の約束

4月　図書室の約束

5月　伝記クイズ

5月　スポーツの本を読んでみよう！

6月　雨の日は楽しい本をどうぞ

6月

雨の日は楽しい本をどうぞ／環境を考える本／時間は不思議

7, 8月

七夕にちなんで「星」の出てくる本／楽しい夏休み

7, 8月　楽しい夏休み／「手紙」が出てくる本

7, 8月　「手紙」が出てくる本

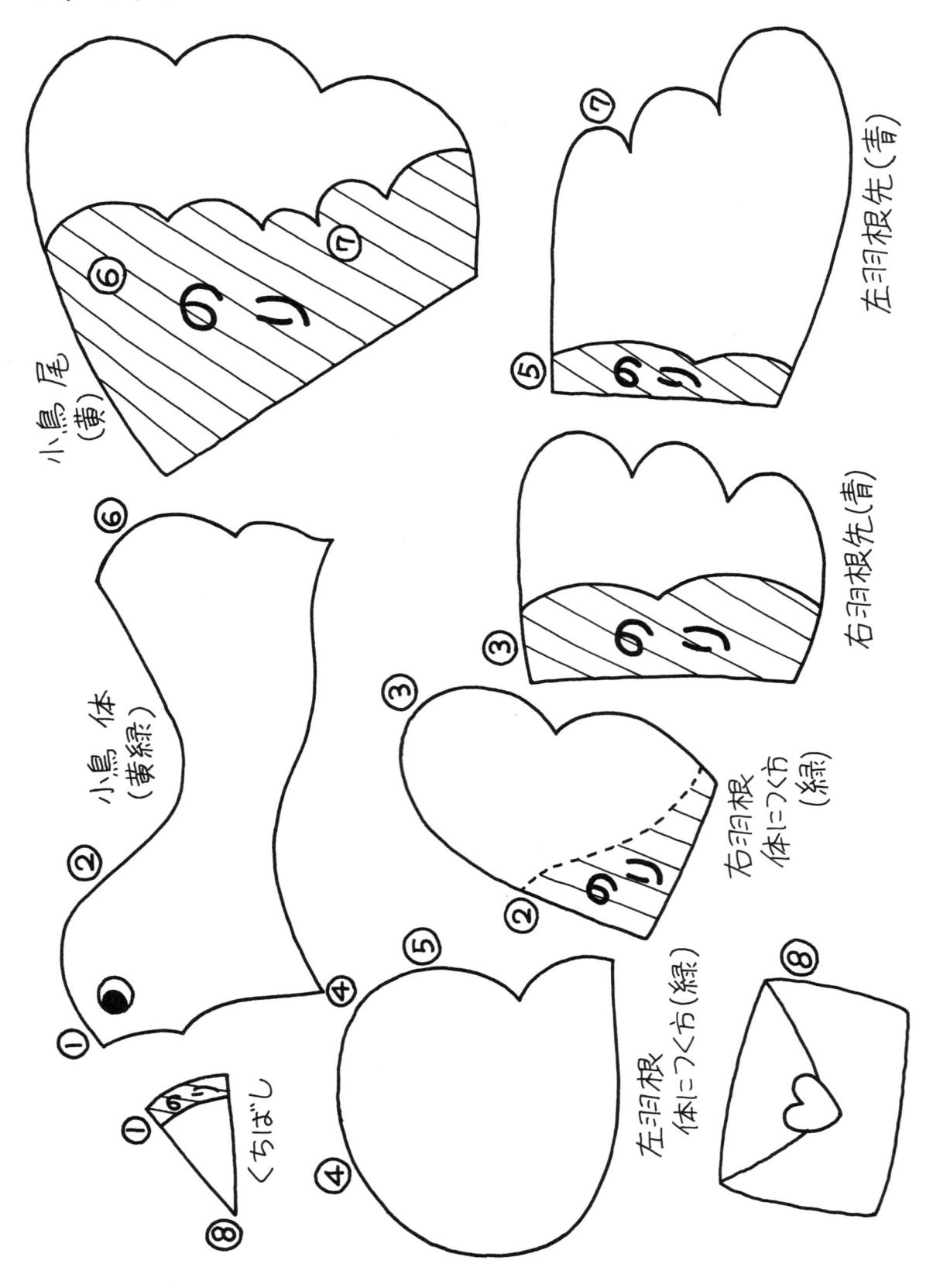

小鳥 尾（黄）

左羽根先（青）

右羽根先（青）

小鳥 体（黄緑）

右羽根　体につく方（緑）

くちばし

左羽根　体につく方（緑）

9月　あらそいのない社会に

あらそいのない社会に

9月　世界はひとつ

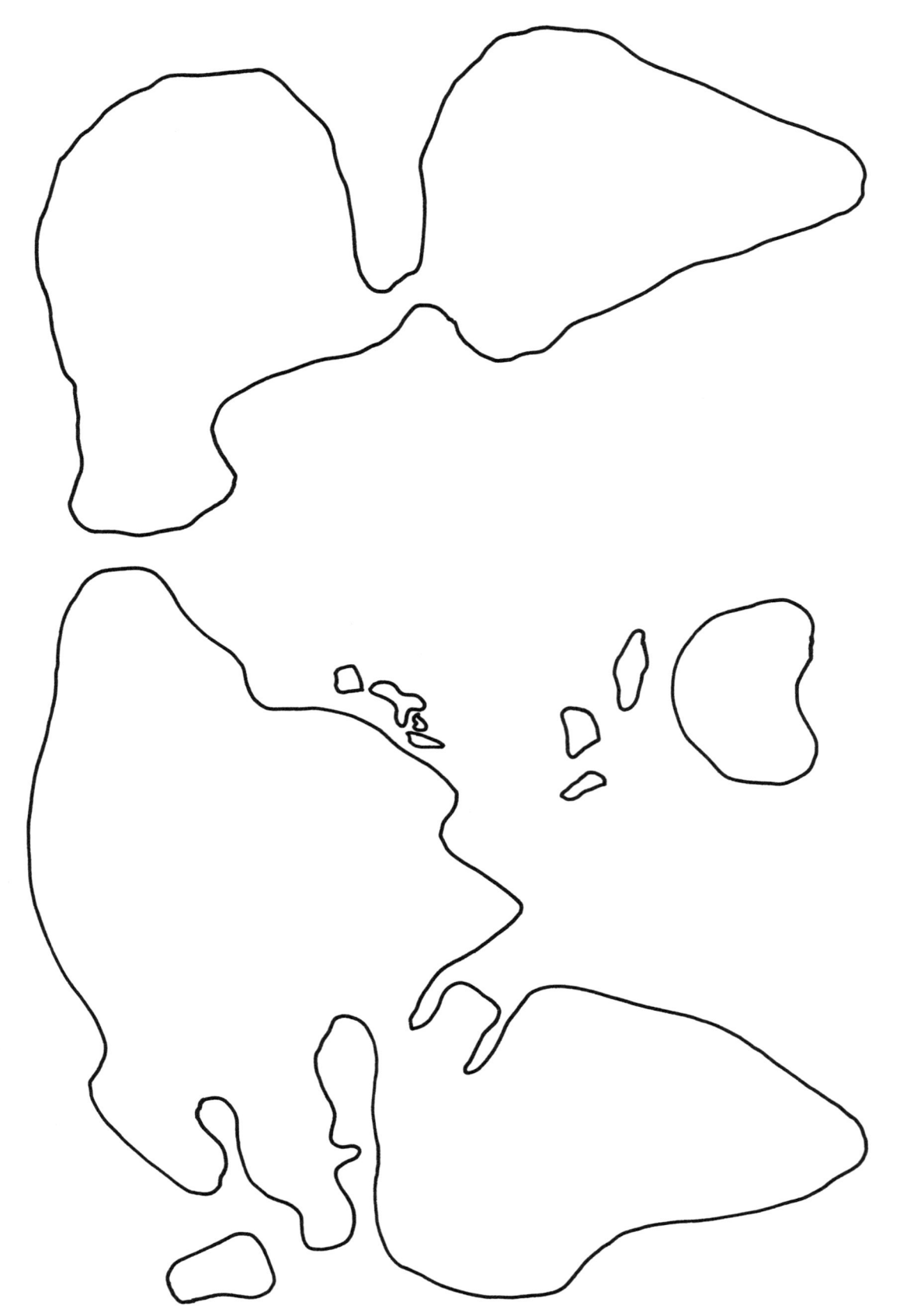

9月　世界はひとつ

89

10月 おいしい本

10月 動物が出てくる物語

10月　入り口のアーチ

11月　魔女・魔法の本／秋の夜長は推理小説

11月 秋の夜長は推理小説

12月 クリスマスの本

1月　日本の昔話クイズ

1月 日本の昔話クイズ　　**2月** オニの本

2月　ノンフィクション

2月

りっしゅん発けいちつ行き

2月 めをさましたら　　**3月** 未来に向かって

3月　新しい窓を開けよう！

Open the new window
新しい窓を開けよう！

『世の中を美しくする3月にはなにかしなしなさい』

※文字だけではなく、これをそのまま掲示として使用してもよい。

掲出図書一覧

4月

松岡享子作　大社玲子絵　『なぞなぞのすきな女の子』　学習研究社
茂市久美子著　中村悦子絵　『つるばら村のパン屋さん』　講談社
ヴェルヌ原作　志水辰夫文　『十五少年漂流記』　痛快世界の冒険文学1　講談社
バリー著　大石真訳　『子どものための世界名作文学19　ピーターパン』　集英社
コロッディ著　高橋久訳　『子どものための世界名作文学16　ピノッキオ』　集英社
ビクトル・ユゴー著　辻昶訳　『少年少女世界名作の森1　ああ無情』　集英社
モンゴメリー著　谷口由美子訳　『少年少女世界名作の森14　赤毛のアン』　集英社
ヨハンナ・スピリ著　大野芳枝訳　『子どものための世界名作文学5　アルプスの少女』　集英社
ウィーダ著　榊原晃三訳　『子どものための世界名作文学12　フランダースの犬』　集英社
R.L. スティーブンソン著　小野章訳　『少年少女世界名作の森7　宝島』　集英社
メーテルリンク原作　高田敏子文　『世界の名作1　青い鳥』　世界文化社
立原えりか文　『こども世界名作童話39　ギリシア神話』　ポプラ社

5月

海野孝著　『テニスコーチ1週間』　偕成社（品切れ）
滝沢馬琴原作　浜たかや編著　山本タカト絵　『南総里見八犬伝』　全4巻　偕成社
関岡康雄監修　『絵でわかるジュニアスポーツ3バレーボール』　学習研究社
関岡康雄監修　『絵でわかるジュニアスポーツ4陸上競技・水泳競技』　学習研究社
関岡康雄監修　『絵でわかるジュニアスポーツ6バドミントン』　学習研究社
菊地ただし作　篠崎三郎絵　『オーレ！　ぼくらのジェーリーグ』　草炎社
後藤竜二著　杉浦範茂絵　『キャプテン，らくにいこうぜ』　講談社
後藤竜二著　杉浦範茂絵　『キャプテンはつらいぜ』　講談社
日野多香子著　吉田純絵　『つばさのかけら』　講談社
トーベ・ヤンソン著・絵　山室静訳　『ムーミン谷の冬』　講談社
グリム著　佐々梨代子　野村泫訳　『子どもに語るグリムの昔話①』『子どもに語るグリムの昔話②』　こぐま社
織田幹雄監修　阿部馨文　堀内誠一絵　『はしる』　福音館書店
中川李枝子作　中川宗弥絵　『ももいろのきりん』　福音館書店
ふるたたるひ作　ほりうちせいいち絵　『ロボットカミイ』　福音館書店
佐藤多佳子著　伊藤重夫絵　『ハンサムガール』　理論社
エミリー・ロッダ作　さくまゆみこ訳　佐竹美保絵　『ローワンと伝説の水晶』　あすなろ書房

6月

J. バーニンガム作・絵　たにかわしゅんたろう訳　『いつもちこくのおとこのこージョン・パトリック・ノーマン・マクヘネシー』　あかね書房
W.P. デュボア文・絵　松岡享子訳　『ものぐさトミー』　岩波書店
アリソン・アトリー著　松野正子訳　『時の旅人』　岩波書店
フィリパ・ピアス作　高杉一郎訳　『トムは真夜中の庭で』　岩波書店
バージニア・リー・バートン文・絵　いしいももこ訳　『ちいさいおうち』　岩波書店
ミヒャエル・エンデ作・絵　大島かおり訳　『モモ』　岩波書店
岡田淳作　『ふしぎの時間割』　偕成社
レミー・チャーリップ作　やぎたよしこ訳　『よかったねネッドくん』　偕成社
ジェーン・ウォーカー著　西田紀子訳　『大気汚染』　災害とたたかう⑦　偕成社
ジェーン・ウォーカー著　日高真由美訳　『海洋汚染』　災害とたたかう⑧　偕成社
岡田淳著　太田大八絵　『二分間の冒険』　偕成社
渋谷愛子作　山野辺進画　『あきかんカンカラカンコン』　学習研究社
長新太作　『つきよのかいじゅう』　佼成出版社
木村龍治著　『地球は暖かくなるか』　地球の健康診断②　草土文化
あかねるつ文　梶山直美絵　『たにんどんぶり』　講談社
今泉みね子著　中村鈴子絵　『みみずのカーロ』　合同出版
塚本治弘著　『大気汚染と酸性雨』　環境を調べる・環境を守る①　さ・え・ら書房
塚本治弘著　『水の汚染とくらし』　環境を調べる・環境を守る②　さ・え・ら書房
東京子ども図書館編　『エパミナンダス』　愛蔵版お話のろうそく①　東京子ども図書館

田島征彦作　『じごくのそうべえ』　桂米朝　上方落語・地獄八景より　童心社
メアリー・ダウニング・ハーン著　田中薫子訳　『時間だよ，アンドルー』　徳間書店
キット・ピアソン作　本多英明訳　『丘の家，夢の家族』　徳間書店
リチャード・ウィルバー作　松岡享子訳　大社玲子絵　『番ねずみのヤカちゃん』　福音館書店
スズキコージ著　『大千世界のなかまたち』　福音館書店
長新太作　『ブタヤマさんたらブタヤマさん』　文研出版
西本鶏介著　『一日にどれだけゴミがでるかな？＜生活編・ごみ＞』　かんきょう絵本⑦　ポプラ社（品切れ）
長新太作　『ヘンテコどうぶつ日記』　理論社

7,8月

B.クリアリー作　谷口由美子訳　むかいながまさ絵　『ヘンショーさんへの手紙』　あかね書房
サン・テグジュペリ作　内藤濯訳　『星の王子さま』　岩波書店
田中力著　『ドキドキちょうせん自由研究－ともだちもびっくり－』　旺文社
芳賀日出男著　『7月どんなつき』　小峰書店
かこさとし作　『なつのほし』　偕成社
きたやまようこ作　『もりにてがみをかいたらね』　ぼくのポチブルてき生活2　偕成社
助川進編集　『学研の自由研究　3・4年生版』　学習研究社
中坪謙・倉田幸雄編　『学研の図鑑　理科の自由研究』　学習研究社
加用文男監修　門田律子絵　『光れ！泥だんご』　講談社
松谷みよ子著　『かきのはっぱのてがみ』　松谷みよ子全集3　講談社
左巻健男著　水原素子絵　『ぷよぷよたまごをつくろう』　はじめてのじっけんあそび　汐文社
北林仁著　『工作入門　おもちゃの作り方』　小学館入門百科シリーズ54　小学館
成美堂出版編集部編　『やってみよう！　夏休みの自由研究　5・6年生』　成美堂出版
外西俊一郎監修　『小学生の自由研究　リサイクルとエコロジー』　成美堂出版
森本雅樹・岡村定矩作　『宇宙のアルバム』　福音館書店
君島久子再話　初山滋画　『たなばた』　福音館書店
塩野米松作　『自由研究大作戦』　フレーベル館
アーノルド・ローベル作　三木卓訳　『ふたりはともだち』　文化出版局
ジーン・ジオン作　もりひさし訳　M.B.グレアム絵　『はちうえはぼくにまかせて』　ペンギン社
藤井旭著　『星になったチローイヌの天文台長－』　ポプラ社（同タイトルの文庫版有）
盛口襄著　『草木染めに挑戦！』　NHKやってみようなんでも実験5　理論社
ウェブスター著　谷川俊太郎訳　『あしながおじさん』　フォア文庫　理論社

9月

あまんきみこ作　上野紀子絵　『ちいちゃんのかげおくり』　あかね書房
パトリシア・ポラッコ文・絵　千葉茂樹訳　『彼の手は語りつぐ』　あすなろ書房
東菜奈作　『アジア』　行ってみたいなあんな国こんな国①　岩崎書店
東菜奈作　『ヨーロッパ』　行ってみたいなあんな国こんな国②　岩崎書店
米倉斉加年著　『おとなになれなかった弟たちに……』　偕成社
西村佐二指導　原智子編集・文　春日真由美撮影　『アメリカの子どもたち』　学習研究社
日野多香子文　さいとうりな絵　唐沢孝一解説　『七本の焼けイチョウ』　くもん出版
江上佳奈美監修　星川妙子文　『ヨーロッパの食べ物』　国際理解に役立つ世界の衣食住②　小峰書店
小松義夫監修・写真　小野沢啓子文　『世界の学校』　国際理解に役立つ世界の衣食住⑧　小峰書店
丸木俊著　『ひろしまのピカ』　記録のえほん1　小峰書店
池上彰・増田ユリヤ著　『わたしたちにも教えて！　イスラム教・中東問題』　汐文社
中沢啓治作　『はだしのゲン』（愛蔵版）　汐文社
戸田やすし作　『国旗の絵本』　戸田デザイン研究室
野村雅一監修　長新太作　『世界のあいさつ』　福音館書店
宮崎玲子文・製作　能津喜代房写真　『世界の台所・ミニチュアでみる』　福音館書店
小林豊作・絵　『ぼくの村にサーカスがきた』　ポプラ社
B.キンダストリー作　ユニセフ編　『世界の子どもたち』　ほるぷ出版

10月

角野栄子文　『おだんごスープ』　偕成社
かこさとし著　『からすのパンやさん』　かこさとしおはなしのほん7　偕成社
シートン著　藤原英司訳　木村しゅうじ画　『灰色ぐまワーブの一生』　シートン動物記2　集英社

シートン著　藤原英司訳　木村しゅうじ画　『山の雄ひつじ，クラッグ』　シートン動物記3　集英社
高田慶子・高橋真由美著　吉本宗絵　『たべものひみつはっけん』　草土文化
舟崎克彦作　『ぽっぺん先生のどうぶつ日記①　へんてこヒヨドリ』　筑摩書房
舟崎克彦作　『ぽっぺん先生のどうぶつ日記⑤　セミせんそう』　筑摩書房
小林清之介文　『シートン』　チャイルド本社
シートン原作　小林清之介文　たかはしきよし絵　『ぎざみみぼうや』　チャイルド本社
ロシア民話　せたていじ訳　わきたかず絵　『おだんごぱん』　福音館書店
寺村輝夫作　長新太絵　『おしゃべりなたまごやき』　福音館書店
赤羽末吉作・絵　『おおきなおおきなおいも－鶴巻幼稚園・市村久子の教育実践による－』　福音館書店
ルース・スタイルス・ガネット作　ルース・クリスマン・ガネット絵　わたなべしげお訳
　　『エルマーのぼうけん』『エルマーとりゅう』『エルマーと16ぴきのりゅう』　福音館書店
本谷滋子著　『こどもがつくるたのしいお料理』　婦人之友社
さとうわきこ作・絵　『おりょうりとうさん』　フレーベル館
渡辺三枝子監修　荷見明子執筆　『めざせ！　あこがれの仕事⑧　花屋さん，すし屋さん，シェフ』　ポプラ社
椋鳩十著　『椋鳩十全集1　月の輪グマ』　ポプラ社
椋鳩十著　『椋鳩十全集2　片耳の大シカ』　ポプラ社
今井美沙子著　今井祝雄写真　『わたしの仕事最新集　食べ物を作る人，売る人』　理論社
竹垣幸子著　『クッキングあそび春・夏・秋・冬』　黎明書房
石田泰照監修　朝倉貞子著　『知っているときっと役に立つ食べ物クイズ110』　黎明書房

11月

コナン・ドイル作　亀山龍樹訳　岩淵慶造絵　『ノーウッドの建築家』　名探偵シャーロックホームズ2　岩崎書店
コナン・ドイル作　内田庶訳　岩淵慶造絵　『ボスコム谷のなぞ』　名探偵シャーロックホームズ6　岩崎書店
ミヒャエル・エンデ文　ティーノ絵　ささきたづこ訳　『まほうのスープ』　岩波書店
C.S.ルイス作　瀬田貞二訳　『ライオンと魔女』　岩波書店
P.L.トラヴァース作　林容吉訳　『とびらをあけるメアリー・ポピンズ』『帰ってきたメアリー・ポピンズ』　岩波書店
E.L.カニグズバーグ文・絵　松永ふみ子訳　『魔女ジェニファとわたし』　岩波書店
アンナ・ベネット作　むかいながまさ画　磯村愛子訳　『魔女になりたくない女の子』　学習研究社
西本鶏介文　太田大八絵　『まじょ』　佼成出版社
宮沢賢治作　徳田秀雄絵　『どんぐりと山ねこ』　講談社
J.K.ローリング作　松岡佑子訳　ダン・シュレシンジャー絵　『ハリー・ポッターと賢者の石』　静山社
J.K.ローリング作　松岡佑子訳　ダン・シュレシンジャー絵　『ハリー・ポッターと秘密の部屋』　静山社
J.K.ローリング作　松岡佑子訳　ダン・シュレシンジャー絵　『ハリー・ポッターと炎のゴブレット（上下）』　静山社
ロアルド・ダール作　宮下嶺夫訳　W.P.デュボワ絵　『魔法のゆび』　評論社
ジル・マーフィ作・絵　松川真弓訳　『魔女学校の一年生』　評論社
ジル・マーフィ作・絵　松川真弓訳　『魔女学校の転校生』　評論社
角野栄子作　林明子画　『魔女の宅急便』　福音館書店
川村たかし文　斎藤博之絵　『サーカスのライオン』　ポプラ社
江戸川乱歩作　佐藤道明画　『海底の魔術師』　<新訂>少年探偵・江戸川乱歩⑫　ポプラ社
江戸川乱歩作　佐藤道明画　『魔人ゴング』　<新訂>少年探偵・江戸川乱歩⑯　ポプラ社
モーリス・ルブラン原作　南洋一郎文　藤田新策画　『奇巌城』　<新訂>シリーズ怪盗ルパン④　ポプラ社
モーリス・ルブラン原作　南洋一郎文　藤田新策画　『消えた宝冠』　<新訂>シリーズ怪盗ルパン⑤　ポプラ社
おくやまひさし・指導　『秋の草花あそび』　はじめての草花あそび③　ポプラ社
藤井旭著　『流れ星に願いを　秋，11の星』　チロの星空カレンダー⑪　ポプラ社（品切れ）
岡田淳著　『まよなかの魔女の秘密』　こそあどの森の物語②　理論社

12月

ルドウィッヒ・ベールマンス作・絵　俵万智訳　『マドレーヌのクリスマス』　BL出版
ルーマー・ゴッテン文　掛川恭子訳　バーバラ・クーニー絵　『クリスマス人形のねがい』　岩波書店
ディケンズ作　村山英太郎訳　佐藤敬絵　『クリスマスキャロル』　岩波書店
エーリヒ・ケストナー著　高橋健二訳　『飛ぶ教室』　岩波書店
丘修三著　かみやしん絵　『ぼくのお姉さん』　偕成社
たばたせいいち他作　『さっちゃんのまほうのて』　偕成社
クレメントC.ムーア文　わたなべしげお訳　ウィリアムW.デンスロウ絵　『クリスマスのまえのばん』　偕成社
レーナ・マリア　遠藤町子作　『レーナ・マリア物語』　金の星社
乙武洋匡著　『五体不満足』　講談社

ひぐちみちこ作　『クリスマスおめでとう』　こぐま社
柏葉幸子著　高畠純絵　『モンスターホテルでクリスマス』　小峰書店
星川ひろ子文・写真　『ぼくたちのコンニャク先生』　小学館
角野栄子作　『クリスマス　クリスマス』　福音館書店
ビアトリクス・ポター作　いしいももこ訳　『グロースターの仕立屋』　福音館書店
伊東三郎再話　堀内誠一絵　『くろうまブランキー』　福音館書店
ルーマー・ゴッデン作　久慈美貴訳　『クリスマスの女の子』　福武書店(現ベネッセコーポレーション)(品切れ)
木下耕一監修　嶋田泰子文　おおわだみすず絵　『なあんだ？』　ゆび一本からはじめる手話①　ポプラ社
松井智著　『バリアフリーを考えよう』　バリアフリー　いっしょに生きていくために①　ポプラ社
佐々木たづ文　三好碩也絵　『子うさぎましろのお話』　ポプラ社
児島なおみ作　『クリスマスソングブック』　リブロポート

1月

斎藤隆介作　滝平二郎絵　『ソメコとオニ』　岩崎書店
浜田廣介作　梶山俊夫絵　『泣いた赤おに』　偕成社
山下明生文　梶山俊夫絵　『島ひきおに』　偕成社
『小学生のことわざ辞典』　学習研究社
桜井信夫作　赤坂三好絵　『せつぶんだまめまきだ』　教育画劇
芳賀日出男著　『２月どんなつき』　小峰書店
トミー・ウンゲラー作　たむらりゅういち・あそうくみ訳　『ゼラルダと人喰い鬼』　評論社
ネパール民話　大塚勇三再話　秋野亥左牟画　『プンクマインチャ』　福音館書店
大西廣文　梶山俊夫ほか絵　『鬼が出た』　福音館書店
松井直再話　赤羽末吉画　『だいくとおにろく』　福音館書店
いしいももこ文　あきのふく絵　『いっすんぼうし』　福音館書店
平山和子作　『まめ』　福音館書店
たにしんすけ文　あかさかみよし絵　『九ひきの小オニ』　ポプラ社
あまんきみこ文　いわさきちひろ絵　『おにたのぼうし』　ポプラ社

2月

藤田順子著　『お雛さまをたずねて－各地で見られる雛と受け継ぐ心－』　JTB
梨木香歩作　『りかさん』　偕成社
糸永えつこ著　武井武雄画　『ふしぎの部屋から』　ジュニアポエムシリーズ145　銀の鈴社
岡本文良作　『植村直己　地球冒険62万キロ』　金の星社
戸川幸夫作　『ゴリラの山に生きる－ダイアン・フォッシー物語－』　金の星社
神戸淳吉作　木俣清史絵　『まぼろしの花がさいた－二千年まえのハスを開花させた大賀一郎博士の六十年－』
　くもん出版（在庫僅少）
谷川俊太郎訳　堀内誠一画　『マザーグースのうた第１集』　草思社
工藤直子著　『のはらうたⅠ』『のはらうたⅡ』『のはらうたⅢ』　童話屋
石井桃子作　朝倉摂絵　『三月ひなのつき』　福音館書店
小林正典著　『世界のお母さん　マザー・テレサ－レンズの中に愛がみえた－』　ポプラ社
ゆうきえみ著　『海は死なない－日本海重油流出事故とたたかった人々－』　ポプラ社

3月

カレン・クシュマン作　柳井薫訳　中村悦子絵　『アリスの見習い物語』　あすなろ書房
田島征三作　『とべバッタ』　偕成社
日野多香子著　『ぼくが宇宙をとんだわけ－毛利衛と宇宙のこれから－』　講談社
マレーク・ベロニカ文・絵　とくながやすもと訳　『ラチとライオン』　福音館書店
「わたしが選んだ職業」編集委員会　『わたしが選んだ職業』　福音館書店
渡辺三枝子監修　水城昭彦執筆　『めざせ！あこがれの仕事①医師・看護婦・看護士』　ポプラ社
渡辺三枝子監修　笹川登世子執筆　『めざせ！あこがれの仕事②新聞記者・キャスター・ディレクター』　ポプラ社
渡辺三枝子監修　坂田純代・前田恵執筆『めざせ！あこがれの仕事④タレント・歌手・声優・スポーツ選手』ポプラ社
渡辺三枝子監修　尾崎友章　野中祐執筆　『めざせ！あこがれの仕事⑥カーデザイナー・パソコン開発者』ポプラ社
渡辺三枝子監修　亀﨑淳一・正本ノン執筆　『めざせ！あこがれの仕事⑨パークレンジャー・動物飼育係』ポプラ社
シャーロット・ゾロトフ文　やがわすみこ訳　アーノルド・ローベル絵　『いつかはきっと…』　ほるぷ出版
バーバラ・クーニー作　かけがわやすこ訳　『ルピナスさん－小さなおばあさんの話－』　ほるぷ出版
バイロン・バートン作　ふじたちえ訳　『うちゅうひこうしになりたいな』　佑学社

著者紹介

渡辺暢恵

1959年生まれ。東京学芸大学国語科卒業。小学校教諭在任中図書主任となり，学校図書館司書教諭資格取得後，学校司書として小学校8校，中学校2校に勤務。筑波大学大学院図書館情報メディア研究科修士課程修了。

〈現在〉
東京学芸大学非常勤講師。
学校図書館づくり支援や研修会の講師等活動中。
筑波大学大学院図書館情報メディア研究科博士後期課程在籍。

〈著書〉
『改訂版・子どもが生き生きする学校図書館づくり』
『子どもの読書力を育てる学校図書館活用法〈1年〜6年〉』
『いますぐ活用できる学校図書館づくりQ&A 72』いずれも黎明書房
『豊かな人間性を育てる読書活動と図書館の活用』（分担執筆）明治図書

〈連絡先〉
〒260-0027　千葉県千葉市中央区新田町39-31-1305
Tel　043-245-7197
E-mail : nobue-w@amber.plala.or.jp

＊学校図書館の作り方，ボランティアの方法，読み聞かせなどアドバイスします。
　上記のメールアドレスまでお問い合わせください。

子どもと一緒に進める学校図書館の活動と展示・掲示12カ月

2003年11月20日初版発行	著　者	渡　辺　暢　恵
2014年10月25日16刷発行	発行者	武　馬　久仁裕
	印　刷	株式会社　太洋社
	製　本	株式会社　太洋社

発　行　所　　　　株式会社　黎　明　書　房

〒460-0002　名古屋市中区丸の内3-6-27　EBSビル　☎052-962-3045
　　　　　　FAX052-951-9065　振替・00880-1-59001
〒101-0047　東京連絡所・千代田区内神田1-4-9　松苗ビル4階
　　　　　　　　　　　　　　　　　　　　　☎03-3268-3470

落丁本・乱丁本はお取替します　　　　　　ISBN978-4-654-01726-3
ⓒ N. Watanabe 2003, Printed in Japan

子どもの読書力を育てる **学校図書館活用法〈1年〜6年〉** B5・119頁　2200円	渡辺暢恵著　コピーして使えるワークシート付き　継続的に本を読む子を育てる各学年の発達に合った読書の指導法を，理解を深めるワークシートを使った楽しい実践例を通して詳しく紹介。
いますぐ活用できる **学校図書館づくりQ&A72** B5・108頁（カラー口絵2頁）　2800円	渡辺暢恵著　付・CD-ROM「イラスト＆学校図書館用プリント集」　司書教諭，学校司書，学校図書館ボランティア，教育委員会等の切実な疑問，悩みに明快に答えた関係者必携の書。
だれでもすぐ作れる **小学校の新しい壁面構成** AB・96頁（カラー32頁）　2200円	香山桂子・柳　深雪作　簡単に作れて，見栄えのする色画用紙や樹脂粘土を使った四季の壁面構成などの作り方をカラー写真とイラストで紹介。「製作目安時間」付き。
知っているときっと役に立つ **四字熟語クイズ109** A5・125頁　1500円	大原綾子著　疑心暗鬼，一気呵成，千載一遇など，知っていると便利な四字熟語を，手軽に学べる3択式クイズ，虫食いクイズなど。使い方の実例と解説付き。
42の出題パターンで楽しむ **痛快社会科クイズ608** B6・93頁　1200円	蔵満逸司・中村健一著　教師のための携帯ブックス③　授業を盛り上げ，子どもたちを社会科のとりこにする608の社会科クイズと，クイズの愉快な出し方を42種紹介。
42の出題パターンで楽しむ **痛快理科クイズ660** B6・93頁　1200円	土作　彰・中村健一著　教師のための携帯ブックス⑤　子どもたちを授業に引き込む，教科書内容を押さえた理科クイズ660を収録。笑って覚えるクイズの愉快な出し方42種紹介。
クイズの出し方大辞典付き **笑って楽しむ体育クイズ417** B6・95頁　1200円	蔵満逸司・中村健一著　教師のための携帯ブックス⑦　水泳，ドッジボール，けがの予防，エイズ等，競技から保健分野まで，体育の授業がますます充実！
行った人も行かない人も面白い **世界遺産クイズBEST65** A5・142頁　1700円	石田泰照著　世界中の人々が訪れるユネスコの世界遺産の内，日本人が興味や関心のある世界遺産65を紹介し，三択クイズに。世界遺産の歴史的背景や豆知識などもたっぷり解説。
知っているときっと役に立つ **日本史人物クイズ112** A5・126頁　1500円	石田泰照・町田槌男著　日本史に登場する女性25人，外国人10人を含む112人の意外な事実やあっと驚くことなどを3択式クイズで学ぶ。興味深い一行知識付き。

＊表示価格は本体価格です。別途消費税がかかります。

■ホームページでは，新刊案内など，小社刊行物の詳細な情報を提供しております。「総合目録」もダウンロードできます。
http://www.reimei-shobo.com/

改訂版・子どもが生き生きする **学校図書館づくり** 　　　　　Ｂ５・142頁　2500円	渡辺暢恵著　子どもに読書の楽しさを伝える学校図書館の作り方を，本の管理，環境整備，教師やボランティアとの連携等の視点から図を交え詳述。「9章　学校図書館とコンピュータ」を増補。
小学校の壁面構成 12ヵ月 四季の自然・年中行事・特別教室 　　Ｂ５・96頁（カラー 32頁）　2200円	北山　緑著　愛鳥週間，虫歯予防デー，社会見学などの行事や，図書館，音楽室ほか特別教室の壁面構成をカラーで紹介。作り方はイラストで解説。一部コピーして使える型紙付き。
歴史壁面クイズで楽しく学ぼう **（全 3 巻）** 　　　　　各Ｂ５・79頁　各1700円	①縄文時代〜平安時代　阿部隆幸・中村健一著／②鎌倉時代〜江戸時代　中村健一著／③明治時代〜平成　阿部隆幸著　コピーして教室に貼るだけで，楽しく知識の定着が図れます。
ゲーム感覚で学ぼう **コミュニケーションスキル** 　　　　　Ａ５・97頁　1600円	田中和代著　指導者ハンドブック①　小学生から初対面同士が親しくなれるゲームや，爽やかに自己主張するアサーショントレーニングなど，簡単で効果のあるもの31を紹介。
手づくりカードで楽しむ **学習体操ＢＥＳＴ 50** 　　　　　Ａ５・94頁　1600円	三宅邦夫・山崎治美著　指導者ハンドブック②　カレンダーの数字や新聞の活字，雑誌の表紙などを利用したカードを使って，いつでもどこでも算数や国語などを遊んで学べる"学習体操"50種。
小学校低学年のクラスを **まとめるチームゲーム集** 　　　　　Ａ５・93頁　1600円	斎藤道雄著　指導者ハンドブック③　子どもたちの集団意識を高める，チームワークを必要とするゲーム30種を，「運動編」「リズム編」「頭脳編」の 3 つに分けて紹介。
子どもの遊び空間を広げる **わくわく遊び＆わくわくゲーム** **ＢＥＳＴ 42** 　　　　　Ａ５・94頁　1600円	小川信夫編著　指導者ハンドブック④　遊びの指導と支援の仕方　小学校，児童館，学童保育などで幅広く活用できる遊び＆ゲーム42種を 6 つのグループに分け紹介。
小学校で使える **室内遊び＆外遊び 40** 　　　　　Ａ５・93頁　1600円	斎藤道雄著　指導者ハンドブック⑤　雨の日でもできる遊び付き　小学校の授業や体操に利用できるゲーム遊び40種を「室内遊び」「外遊び」に分けて紹介。教育に役立つエッセイ 3 編収録。
知っているときっと役に立つ **難読漢字クイズ 104** 　　　　　Ａ５・126頁　1500円	杉浦重成・神吉創二他著　春の七草や二十四節気，動植物の名前や漱石のあて字など，難読漢字の読みと日本人としての常識が身につく104問。「難読漢字コラム」「50問テスト」付き。

＊表示価格は本体価格です。別途消費税がかかります。